歷代神仙通鑑

(四)

新刻黃掌綸先生評許神仙鑑一集卷之八

江夏明陽宣史徐衜述
汝南清眞覺姑李理贊

林屋玦樓秘本

○○○東方朔漢廷混跡　○○○李少君輦下修眞

六安冶師陶安公舜後感霽君教行火法常持奉金帛一旦冶火散紫色衝天安公伏冶下哀求有朱雀止冶上喚曰安公安公冶與天通七月七日迎汝以赤龍鼓翅飛去安公知是傳示至期鄉人祖餞果有赤龍來止於庭安公知先生不欺挺身騎坐龍背至東南城上邑中數萬人共觀親故悉來送行皆與話別留連片刻乘龍升

玄俗

孝帝素好道尊黃老之言稱爲經立道學令朝野傳誦今聞是言知世世多異人凡來朝覲者必問以神奇之事庚寅十月趙相蘇嘉奏云河間王辟疆爲兄趙王遂伏誅內不自安腹患石瘕身漸瘦弱有一人曰玄俗賣藥都市自稱河間人居民莫有識者但是本土聲音唯餌巴豆雲母囊有巴荳丸善治百病貧者施與富者索價十金一丸服者皆愈王召至玄俗索藥價足然後從囊中檢出王服之即下小蛇十餘頭皆怒目吐舌裊裊而動王驚問俗曰王之瘕非害一身而已凡同氣子女之屬所御之人俱遭纏染餘殃流及六世其毒乃止此非王所招先趙幽王積鬱不

王女

河間王德

渾邪

好而致遺體亦然且王更多憂思得生此疾王嘗放一乳鹿乃麟母也有此好生之德故遇我耳王想起曰昔囿中畜一鹿懷十二月不產我聞鹿六月而生過其時異矣縱於建成山中後不見得無是乎俗曰是也復取藥數丸贈至令授子女妃妾各服一丸或下一二頭或下三四頭遂絕此患王家有年老舍人言父世見俗之身無影王乃置俗於日中果無影王遂以女妻之王女幼絕葷酒清淨好道配未幾與俗忽逸去後有見之於常山下帝聞嘉言甚異使人尋覓不得後河間王薨帝奪其國以已子德為河間王十二月帝患痢諸藥無效復遣使至常山終無所見隴西守渾邪適在京

二周蟜

修羊公

因進曰隴右有異人山圖施姜連湯於人無病者服之終身不病有病者沉痾立起帝依所言濃煎服之果愈帝問欒布曰將軍老矣多歷世事曾見有可親之奇人乎布曰夫仙遠處山谷混迹市朝使人不能測識如可識者庸人耳親之何益哉隆慮侯周蟜進曰臣獵於華陰山石室中懸一石榻上卧一人石將穿隨累不移動問之云是魏人石生更號修羊公始皇命南去尋真河陽遇呼子先學卜恒山歸引入華陰得師中陵王蕭君傳以抽攻之法教靜卧石榻以思玄理六十年來畧有所得臣曾飄其來京云待機緣此人或可致也帝命往召來幾郎至帝禮之如師

處三問而公不答帝使止王侯邸中奉養掊生哂之袁盎雖家居帝時使人問籌策梁王欲求為嗣盎不應王以此怨盎盎心不樂家又多怪聞秦時賢士掊生者善卜術乃往問占掊曰公怨積矣難免於今世後能靈明自照或可脫也盎及還梁刺客果遮殺於安陵郭門外掊生常謁修羊公館問當今何如人公曰外恭而中心不臧辛卯七年冬廢薄皇后大子榮壬辰四月立王夫人為后膠東王徹初名彘為皇太子是歲改為中元四月地震衡山原都雨雹甲午三年丞相周亞夫為買上方甲楯事連汙下獄亞夫怒歎曰許負劉京皆相我當餓死果然耶遂不食死帝又

東胡王他之

後元

來仲到

選俠仙

奔鄧通銅官山與卓氏鑄之欲收通治罪通匿寄野人家
無食餓死丙申春三月盈天紅霞三日識者以為有聖人
出丁酉秋東胡王他之來降盧綰孫 封亞谷侯戊戌後元元
年帝為歲多凶荒災異疊見所禮修羊公供奉數年不發
一言遣使捧詔問公何日發言當來恭聽問數聲不應使
者啟帳視之床上已化石羊一頭潔白如玉題其脇曰修
羊公謝天子羊在子亦在羊去子亦去使者持見帝令建
通玄臺置石羊於上一夕守者報羊失去帝問坐未央偏
殿突見一男子捧珠一串以進帝喝問男子曰我會稽朱
仲也曾進此獻殊故熟識宮道帝接視之聯格十三枚皆

孝武帝

建元

圖及三寸中有字映出
一節儉克遵前業刻薄焉獲長年○
帝怒曰敢侮朕躬耶大呼拏下已不知何往問左右衣有
見者視其珠則泥丸也帝知數將盡正月命皇太子加冠
帝無疾而崩四十七歲在位十六年太子徹即位是為孝武皇帝帝生三歲
景帝抱置膝上問兒樂為天子否對曰由天不由兒帝奇
之又問兒悦何書即誦伏羲以來羣聖所錄陰陽診候及
龍圖龜策數萬言一無遺落至七歲聖智通徹改名徹辛
丑改號建元元年帝雅尚儒術詔舉賢良方正廣川董仲
舒少治春秋與弟子下帷講誦三年不窺園嘗夢蛟龍入

趙綰
石奮
石慶

懷學業大進一日有客請曰天將雨矣仲舒戲之曰巢居知風穴處知雨卿非狐狸即其老鼠客旋化老狸而走至是凡三對策皆切時敝帝稱其第一拜江都相帝初即位尤敬愚鬼神之祀御史趙綰薦其師申公為當今大儒年八十餘帝遣使迎至躬問治亂之道對曰為治不在多言顧力行何如耳帝以為太中大夫賜舍魯邸與議明堂巡狩改歷服色之事竇大皇太后好黃老言不悅儒術以其文多質少云萬石君家不言而躬行儉德而辭服石奮父子四人俱官至二千石帝以其少子慶為內史因廢明堂事申公亦疾免歸魯設教後數年卒癸卯三年帝招天下文學才智之士由是

十莊忌
十莊助
十朱買臣
十鄒陽
十司馬相如
十馮唐
十馮遂
十枚乘
十枚皐
十終軍
⊙東方朔 自薦奇極
⊙張夷
⊙田母

莊助子忌、朱買臣鄒陽司馬相如皆至馮唐年九十不能官
以其子遂為郎聞枚乘之才遣使召之中道而卒乘子皐
有捷才年十七赴闕自陳拜為郎濟南終軍陳言亦拜為
郎是秋平原東方朔上書曰臣少失父母長依兄嫂年十
二學書三冬文史足用十五學擊劍十六誦詩書十九學
孫吳兵法戰陣鉦鼓之事共四十四萬言今年二十二長
九尺三寸口若懸河齒如編貝勇若孟賁捷若慶忌廉若
鮑叔信若尾生若此可以為天子臣矣帝令待詔公車朔
父張夷字少平自言出山二百歲視其顏若童子妻田氏
文帝後元五年冬十一月朔生母名朔三日而田氏死夷

隣母

谷布子

棄朔於道隣母拾歸養之時東方始明因爲姓歲餘夷亦不見朔年三歲常向天上指揮獨語年六歲忽失去累月始歸隣母笞之問在何處朔曰兒遇河間玄俗號谷布子云學道得仙爲太上眞官令兒師之受閬風鍾山蓬萊及神州眞形之圖隣母以爲誕不容出外嬉遊踰年拘約少踈䫫地復去期年而歸母怒數之曰汝行經年一歸何以慰我朔曰朝發至紫泥之海有紫水污衣仍過虞淵澣浣竟偶息於冥都之崇臺暫一臥東王公遣青童招兒啖丹栗霞漿食既多飽悶欲死飲玄天黃露半合乃甦夕還遇一蒼虎伏於道騎之而行打捶過痛虎嚙兒傷脚即下[illegible]

匐至鴻濛之澤見一方面嫗採桑於白海之濱俄而有黃眉翁至指嫗以語兒曰此母昔爲我妻託形爲太白金精同遊於章貢間我攺名金華有天台王君之女來投胎於母名麗英長而貌美留於山中修道我與母復遊乎原又得汝來託生未幾母化故我隱至會合汝亦此星之精也今去家幾萬里來此何爲兒以受谷布于圖遊紫海飲王公漿及被虎嚙傷事告母悲嗟撫我裂青布裳褁之兒問黃眉翁根由翁曰吾卻食吞炁已久瞳子皆有青光能見幽隱之物仙家三百年一洗髓二百年一伐毛我生來已三洗髓五伐毛矣兒亦有根故能遇我然相聚有日也二

貞有因無因亦不得而知也

隣兄

隣嫂

東門京

人遂攜手渡溪而去兒即歸家覺痛頓止乃脫布掛枯樹上布忽化龍飛去隣母聞是無據之言怪其誕妄遂不甚愛惜是歲母死母有已子成人葬母於父塋朔年十歲育於兄嫂身旁舉家敬其才敏好學旣長字曼倩時雖在朝祿甚薄乃詒侏儒（帝之弄臣身短口給）適帝過侏儒號泣頓首曰東方朔云將盡殺臣等帝乃問之朔曰侏儒飽欲死臣朔飢欲死帝大笑因賜待詔金馬門遂得親近（時有善相馬者東門京鑄銅馬法獻之詔立馬魯般門更名金馬門諸以材技進者未有正官故稱待詔金馬）朔常觀帝顏色喜怒乘時進諫多所補益帝常賜之侍食食畢懷其餘肉衣盡沾污或賜以縑帛朔即擔揭而出其後屢賜錢帛以之

娶少女於長安同居三載生三子只留其子自以食物畏
之卽令少女別嫁其所用什物盡與將去人皆笑其痴朔
曰如朔者所謂避世於朝廷間耳嘗酒酣據地歌曰
陸沈於俗宮殿可以避世全身何必深山之中蒿廬之
下。

帝嘗微行射獵朔諫以魚龍莫辨其後屢遭人侮深服朔
之先見自是進言多聽之甲辰四年有民擅殺上林之鹿
帝怒令收民殺之朔曰此民固當死臣請召至數之拘民
朔諫
至朔當廷曰汝擅殺上林之鹿一當死使帝以鹿殺人二
當死且匈奴有急將驅鹿觸之三當死速被去受刑帝曰

子休矣為朕赦之勿傷吾仁也已五年詔舉孝廉丙午六

田蚡 年以田蚡為丞相同（王太）弟召汲黯為主爵都尉直戇敢言帝

汲黯 稱為社稷臣前閩越王郢（孫）（樂計）圍東甌東甌告急於朝田

閩越王郢 蚡謂越人相攻不足救莊助曰彼以窮困來愬天子弗振

何以子萬國乎帝即遣助以節發會稽兵救之閩越引去

東甌請徙江淮今秋八月閩越復擊南越趙佗已殂其孫

胡立二年胡守約上書帝多其義大為興師討之未踰嶺

出 閩越王（餘善） 閩越王弟餘善殺郢以降詔莊助諭意南越胡遣太子嬰

元光 齊入宿衛丁未十月有長星見以為瑞改元元光齊人李

○李少君 少君字雲翼故深澤侯之後以好道不畜妻子游泰山

大丹之難如此

徐儀君

宛若

採藥修絕穀全身之術忽患病危困遇安期生將去遊南海叩頭乞活安期以神樓散一匕與服即愈更傳以神丹方食之以大棗便能知已往事既得神丹爐火之方家貧不能辦藥欲求大有力者同煉恨無所遇至惠帝初整七十歲今年一百三十餘常自匿其年謂人曰吾行年七十容顏不少衰從海上得異人奇方故能却老以其方遍遊諸侯有信有不信者小民聞其能使物不死多有饋遺每餘金錢布帛衣服人皆以為不治產而能饒給愈信其有術益爭奉之先有長陵女子徐氏號儀君少嫁為人妻生一男數歲而死悲悼過甚亦病死死而有靈其姒(嫂)以夫之宛

若祀於其室遂能聞言語說人家小事輒驗民多求問趙王父子亦往祀之號爲神君帝聞其能交見鬼神乃求舍於上林苑中蹏觀內使巫者守其祠特置厚禮祀之但聞內中有聲不見其形言之頗効大抵不異巫覡也是年帝初郊見五祀時後常三歲一郊李少君聞帝好鬼神欲以祠竈却老方見帝戊申二年先見田蚡蚡與語相投留與飲食座中有老人年九十餘少君問其姓名乃曰我曾與

一老人

汝祖夜遊於磐石山下汝爲兒時亦從祖父同遊汝猶記其事乎蚡顧問老客老人果是楚之淮南人沉思片晌忽拍手曰有之記得數齡時大父與一家同遊於彼我亦在

少君之言然乎否乎未能確信

側歸時感寒病半月乃愈於是一座皆驚明日蚡即引見
言其異處帝有一故銅器試以問之少君曰此齊桓公十
年陳於柏寢臺旁帝細觀其刻篆果齊之故器也疑其為
數百歲人視之如五十許面色光澤口齒如童子少君因
言於上曰祠竈則致物致物而丹砂可化為黃金黃金成
以為飲食之器則能益壽益壽而海中蓬萊仙者可見見
之以封禪則不死黃帝是也臣嘗遊海上安期生食以如
瓜巨棗帝問安期何人而有此異果少君曰是古仙人常
遊蓬萊中合則見人不合則隱也於是帝始祠竈乃遣有
家屬在京之方士入海求安期之屬恐其怠惰戒以弗得

劫回必君復言修吾道者白日昇天身生朱陽之域髑脩
圓光之異竦反凌虛伏入無間控飛龍而入遐遍乘白鴻
而九垓周

河間奇疾傳染闔門究其感神仙之救濟者乃由於縱
放麟毋然則憐惜物命正所以自救也何苦恣意戕殺

東方朔的是莊子後身觀其言俱逍遙而華之類而發
妻好內亦俱相似獨其引君於道則勝於莊是其進德
處

李少君方士之首然猶有來歷非文成五利之儔也闕
者當有分別

○○○淮南王師事八公　○○○漢武帝爵授張果

冥海之棗大如瓜鍾山之李大如升皆得食之遂生奇光逸遊海外師安期授臣口訣是以保萬物之可成帝益深信爲少君建立宅第賜遺無數王公貴人莫不仰慕所遺金錢甚廣居久之少君黃金充足乃密自作神丹丹成即稱病不接納是夜帝夢與少君俱上嵩高山半道逢繡衣使者乘龍持節從雲中下言太乙上帝請少君去帝覺語左右曰如我夢少君將捨我去也使人往視復云有疾帝令黃腄(萊州縣名)史寬舒往問病并受其方留居數日方事未竟而少君死及將殮忽失屍所在中表之衣悉不開解如

謬忌

晏安

灌夫

竇嬰

蟬蛻然帝親幸其第令發棺視之果無屍惟衣冠在焉帝
歎恨求之不勤自此道心益篤海上燕齊迂怪之士更相
效之莫不挾術而來矣亳人謬忌奏祠太一之方帝令立
太一祠於東南郊齊人晏安上書曰古者天子三年一用
太牢具祠三一天一地一泰一帝令祠於謬忌之太一壇
上以寬舒為祠官是年竇太皇太后崩后信老子之言外
戚諸竇皆令讀之果大得其益故文景之世天下謐然而
竇氏三世保其榮寵時王太后專政庚戌春潁陽侯灌夫
子因醉忤田蚡論罪棄市竇嬰上書論救太后怒不從帝
遂族灌而殺竇未幾蚡病一身盡痛若被擊者呼伏謝罪

帝使巫者視之云魏其侯力笞也竇嬰封爵太后親臨棺前乞

饒痛終不止而死帝定諸律令務在深文自此官吏用法

公孫弘

益刻辛亥徵明當世之務習先聖之術者菑川公孫弘家

轅固

貧牧豕海上年四十始治春秋時廷對擢第一臨淄轅固

治詩年九十餘亦徵至每譏訕羣儒惟與申公道合遂以

可惜

老病免歸帝厚遇弘遷至左内史壬子冬匈奴入上谷帝

衛青

遣將軍衛青出至龍城得虜首七百賜爵關内侯青本姓

鄭平陽人少時其父使之牧羊兄弟皆奴畜之有相者見

之曰官至封侯青笑曰得免笞罵足矣青之姊名子夫平

平陽公主

陽公主家作歌姬帝見而悅之立爲夫人癸丑元朔元年

元朔　太子據　元續十五劫　李廣　田陣立　田竹丕　孔臧

春衛氏生子名據乃立衛氏爲皇后時正當元續十五劫
以李廣爲右北平太守廣猿臂善射匈奴號爲飛將軍數
十歲不敢近塞甲寅春有彩雲現於南中（即滇南）初有女子浣
紗於遯水溪頭（一作豚）（即鬱江）有三節大竹流至聞中有嬰兒啼
聲拾歸剖得一兒收養之遂以竹爲姓呼爲竹溪三兒長
曰多同材能武勇時牂牁守陳立據武陵郡地以叛土人
立三兒爲竹王治都於邛帝發夜郎兵擊陳立竹王聞命
即將兵下牂牁江大破陳兵安撫滇地詔封爲夜郎侯爲
彩雲呈瑞名其地雲南乙卯帝欲以孔臧爲御史大夫（孔子
十二世孫）臧辭曰臣世以經學爲業乞爲太常典臣家業與從

◎孔安國

成延

弟待中安國綱紀古訓使永垂來嗣帝允之其禮賜如三
公丁巳五年以公孫弘為丞相弘以汲黯常面指其詐請
徙為右内史又惡董仲舒廉直乃薦為膠西相舒以病免
去衛青出右北平取河南地為朔方郡拜大將軍封長平
侯公卿皆畀奉之獨黯與之抗禮戊午秋燕人成延上書
言祠諸神之方帝令祠官如其言祠之令上林苑蓄白鹿
以其皮為幣造白金以發瑞應帝行幸雍祠郊見五畤畢
獵於雍山獲一異獸體若麕而頂一角尾若牛而足五趾
有司言曰陛下肅祇郊祀上帝報享故錫此一角瑞獸耳
帝悅令蓄上林苑中己未冬帝回長安召群臣觀賞司馬

胡安

梅始曰吾師臨邛胡安嘗言古之聲瑞禽獸之將今魏此獸一角身若麕然蓋詩所謂麟也帝有德色遂以今年爲

元狩

元狩詔有司後薦五時各加一牛以燎遍賜諸侯白金以風符應合於天地濟北王勃謙讓仁慈有宮人韓氏病腰背痛身寒熱衆醫咸以爲風寒藥之轉劇王聞倉公有解顱理腦之能延入視之倉公曰診其肝脉弦出寸口病由於欲男子而不得也王即令出配士人女病遂痊王聞天子且將封禪乃上書獻泰山及其旁邑帝受之償以他縣是時諸侯王子率多聲色遊獵爲事淮南王安獨折節下士篤好儒學兼占候方術少得涓子九仙之法其琴心三

篇惟務於心深有條理雖得其文不解其意者嘗數千人作內書二十一篇著中篇八章言神仙黃白之事名鴻寶萬畢三卷論變化之道凡十萬言見古經有服菽飲水之語乃教民磨豆作漿以石膏點取名菽衆後人傳之以供食品其用百蟲俗謂豆腐是其遺術有王仲高者少年弱冠常在淮南市行卜父老傳云比世見之不知其從來謀士伍被言於王欣然迎之待以師禮既久仲高語王曰我黃帝弟也秦時居上谷北山欲召我作篆書故避於此以竟有緣知吾子為何氏仙衆下降昔朱襄君授我以長生之訣當以傳子安復聞修煉高曰將有同類來助子矣居數月忽曰我徒程邈齊入

也亦曾授以不死術令欲色晤遂辭去未幾有八公造門請見皆鬚眉皓白門吏告王王使善辯閽者以己意難之曰王上欲得延年却期長生不老之道中欲得博物洽聞精義入神之大儒下欲得武力扛鼎暴虎橫行之壯士今先生皆耆老應無駐顏之術著書之能賁育之勇不敢相通八公笑曰聞王敬賢好士吐握不倦苟有一技莫不畢至吾等雖鄙人不合所求就令見之亦無損奈何逆見嫌擇主必謂少年爲有道垂白爲庸人恐非發石取玉探淵索珠之意也薄吾等老少亦何難言畢倏皆化爲童子年如十四五露髻青鬢色如桃花於是門吏驚悚馳報於王

王不及復跣足出迎拱手謝罪邀登思仙之臺張錦綺之帷燔百和之香進金玉之几執弟子禮北面叩首曰安以凡材少好道德羈鎖世業沉淪流俗不能遺類負薪山林然夙夜飢渴思願神明沐浴垢穢精誠淺薄抱情不暢邈若雲泥不圖厚幸道君屈降是安祿命當蒙拔擢喜懼屏營不知所措惟乞道君哀而教之則螟蛉假翼去地飛天也八童復成八老告王曰吾八人各有所長一能坐致風雨立起雲霧畫地為江河撮土為山嶽一能崩高壅收虎豹致龍蛇役鬼神一能分形易貌坐在立亡隱蔽三軍白日盡暝一能乘虛步空起海陵烟出入無間呼吸千里一

能入火不焦入水不濡及之不傷射之不中冬裸不寒暑衰不汗一能恣意立成禽獸草木轉徙山川陵嶽一能防灾却害益壽長生一能煎泥成金鍛鉛成銀水鍊八石飛騰流珠乘龍駕雲浮遊太清唯王所欲安乃叩拜身進酒脯請試風雨雲雷之類無不立見王稱八公為化人朝夕禮拜供奉八公遂授以玉丹經及三十六卷水銀秋石等方王與八公日上高山修鍊（壽州八公山即煉處）藥既成未及服食於元狩元年冬忽聞漢廷復如削地故事王欲謀自保八公以為不必乃止王有子名遷好試劍自謂人莫如已聞郎中雷被精於劍召與之戲被誤傷〔不該〕遷恐為所殺與

其黨伍被謀共上書誣王與廬江王賜謀反帝使宗正府節來治廬江王懼誅乃自經死宗正先至淮南表及國八公謂王曰可以去矣此天之所以遣王也若無此事日復一日未能去世願王勿疑王欲與弟賜同度聞其自殺大慟與八公登山設祭宴謝賓客埋紫金於地分服秋石成丹王臨行欲誅二被八公曰不可仙家不欲害行蟲況殺人乎被等誣人自當誅滅遂與騰雲而去所棄置藥鼎鷄犬舐啄皆得輕舉數萬人觀瞻俱聞鷄鳴天上犬吠雲中八公與安所踏山石皆成足跡紫金山車轍馬跡猶存後人常拾小金牌於此可以療疾疑為丹砂化者安雖飛昇未得上天隨至海外一山遇諸仙衆

淮南子

旨令稱為仙伯教其居曲承奉方可朝見王公安應命奈少習尊貴未嫺昇下之禮坐起不恭語聲高亮或誤稱寡人於是仙伯之主者入奏王公言劉安不敬應再斥下方八公為安謝過懇求乃得謫守仙都之廁居高臨下之際非廁溷也三年後方為散仙不得處職如改過悔悟原許不次擢用安深自克責以期上證自號淮南子欲度弟賜出世八公曰鬼者歸也人死骨肉歸於土血歸於水魂氣歸於風其陰氣薄然獨存故為鬼蓋天氣為魂地氣為魄陰陽渾合而成人隨神出入故易曰精氣為物遊魂為變今賜已為鬼魂何能度入仙境豈不知有陰不仙乎若憐無後使其遠

鬼不能仙
而又可不
仙乎

魂則可也淮南子喜問其術八公曰西海中聚窟洲上有大樹與楓木相似而其材芳花葉香聞數百里名返魂樹叩其樹如羣牛發吼聲震遠近伐其根心玉釜中煑取汁更用微火煎之如黑餳令可為丸名驚精香又名震靈丸振檀香卻死香死屍一染其香即復活矣淮南子哀求八公即往西海合香回至廬江救死幸而隆冬之候尚未膚臭為朝廷肯意未轉不敢棺殮八公以香自鼻竅之賜立甦如醉夢乍醒仍以死信報外隱其復生之事八公自歸山中後淮南子勤修數年何侯與八公同來說明化生根由即薦於東華帝君時何侯已進為南宮右相帝君命淮

張湯
張騫

南子岳太極眞人之位及宗正至淮南已失安矣推問始
知仙去宗正復命帝悵然曰使我得如淮南棄天下如敝
屣也乃使廷尉張湯推窮伍被等誣告皆論斬淮南盧江
眷屬無遺漢史秘其事言安自殺而八公山之仙跡不掩城固人張騫自元光元
○年奉使月氏持節往通西域十三年始回歷言諸國風俗
大宛產善馬千里不罷嗜食苜蓿已得其種又得葡萄酒
開埕窖置十年不敗安石國得其榴水其實如升蘊子粒
如丹砂得胡荽杞醬之類旣至大夏尋黃河源以虞邛崍
之山多竹枝榦扶疎堅如鐵石其色頗赤光可照人堪作
桂杖折而策之至邛山植之復活欲渡安息黑海苦無舟

楂忽一枯槎自上流來遂試乘之復泝流而上片時到一處朱檻綠窻晶臺玉岸有二三婦人機織皆停梭問曰此上界斗牛宮凡夫何得悞入一女持鈎竿撐開頃刻還流至初處捨槎而起重由諸國而回帝聞之欣然復欲事西南夷問羣臣以浮槎之故衆莫能對詔募博聞之士有中條客張果入對曰堯時有巨槎浮於西海槎上有光若星月浮游四海凡二十年一周於天復還西海名貫月槎又名掛星槎羽仙多乘之遊戲帝訝曰此言不見載籍客將妄對耶果曰臣實堯時丙子歲生故知其事帝觀其貌如六七十者乃試問以唐虞典章條析如指掌帝猶疑其誑

孫博

舍人

誦之學未能盡信而喜其多聞拜為侍中果薦河東孫博有清才能屬文誦經數十萬言隱林慮山帝召至與果同職時謂二仙侍中博即中條素公帝嘗使諸數家射覆置守宮盂下皆不中果博微笑不言東方朔請射之乃別蓍布卦而對曰臣以為龍又無角謂之為蛇又有足跂跂脉脉善緣壁是非守宮即蜥蜴帝曰善賜帛十疋復使射他物連中輒賜帛舍人曰朔幸中耳非至數也臣願令朔復射中之臣榜百不中臣賜帛乃覆樹上寄生朔射之曰寠藪也舍人曰果知朔不能中也朔曰著樹為寄生盆下為寠藪帝令榜舍人榜音彭笞擊也是秋匈奴渾邪王來降庚申二年以張

○樓蘭王　○休屠王　○金日磾

○霍去病奮勸諭之功封博望侯遣霍去病衛青姊子爲驃騎將軍西界其地去病獨將萬騎出隴過焉支山單于爲庭於祁連山一名天山單于稱天爲祁連去病殺其所部樓蘭王虜西戎休屠王屠音儲得其祭天金人作金人以爲天人之主而祭者後世佛像是其遺法其太子日磾密低没入黃門養馬帝奇其狀貌命爲侍中賜姓金壬戌四年命衛青霍去病出塞逐擊匈奴涉漠之南無王庭帝以北方既平極事神仙下詔求方術之士初山圖邀渭橋陰生投豐沛閒遍訪清平吉數年不值後至齊遇公孫臣言與吉相識今往南海尋安期生矣得信方行道知期可會

○清

漢家立賢無方。牧豕者朴，牧羊者將，使其牧天下，亦如是矣。

淮南為何氏之仙，王仲君已言之矣，恰得八公來度，豈非明徵。但道成閩越，已向方諸復命，何以獨降其一於世，或以欲超位受職，必歷練不迷而後可歟。

獲獨角獸，相如以為麟，却是有據，非阿君者比。而張果之知麟母，則又非相如之比矣。

中條二友，一旦俱為漢臣，想欲暗保武帝以立功行耳。未膺仙職，且受凡員，亦未為不可。

○○○安期生普陀求方○○○巫子都渭橋見帝

山圖遂與陰生至吳山赤須先生欲修乘御金丹正無人相佐見陰生來甚喜并留山圖共煉吉已於句章海上尋見安期訴說舊情安期言數十年求見大士七上補陀未得一面童子言在須彌未回故久待於此乃出林檎酒豬杏糕對飲閒談吉曰先生以巨棗食李少君有諸乎安期曰曾於泰山會見授以蕭白之術太乙皇人欲修救苦金丹召我與蘇仙公同事我薦少君去矣二人相論既久飲亦微酣安期取筆墨吟詩數章索和於吉吉謝以武夫不嫻吟詠安期乏興嚼其詩曰句亦未佳不可見知於世戲

將所餘墨汁橫灑石上斑漓宛成桃花形（定海有桃花山）復返遊天台山其第八重最高處曰華頂峯可望海草木薰郁蓋非人世偶問樵者指云石罅有木瓜花時有一蛇盤其上至實落供大士乃去號爲護聖瓜安期不勝歎羨大士在會上隨釋迦至西天竺國靈鷲山上講說無上甚深之法得其微妙辭歸東土文殊普賢亦合掌告歸釋迦更命大弟子迦葉偕伴前行興隆三寶設教十方四尊者踏雲至古昆彌國界迦葉下指一山曰此名點蒼上有峯十九其中峰之半有香巖異香常從空中飄來我佛曾苦行於此我欲栽修其間以俟因緣三大士下瞰山景蒼翠如黛盤

天女仙姑皆具自然之相何嘗有半點纏裹今之苦古為女子畏足不過欲其步香塵掌上舞耳適與他人作玩器全不諒其痛楚萬狀馬得當道猛轉念頭大發哀慈

亘三百餘里頂有淵泉迦葉就於西之鷄足山駐錫普賢邀二大士至峨嵋鏵及峰數座少憩觀音曰我佛慈悲隨處現身說法今旣暫停西南即當濟度斯民文殊曰非世尊之廣大神通孰能行之遂辭還五臺觀音步行葉榆河面名西洱海中有三島四洲九曲之勝觀其形勢以指畫河東之玉案山崖云

此水可當兵十萬昔人空有客三千

水勢湍急常為山嶺屏流壅決大士乃化一無大不大法身持椎鑿鑿通山石使洱水下趨所鑿處上連下斷成一石梁橫跨可度一人兩崖激水濺珠宛若梅蕚後人呼曰

嚴祭而禁之則如轉女成男矣必得子孫榮昌之報世何疑

李賢

不謝梅其時夜郎竹王畧地入境掃掠大士化一嫵媚婦人足大盈尺將卒爭欲逼之見以稻萁穈一大石負之而趨吐舌相謂曰彼婦人膂力若此況丈夫乎遂斂兵去大士復寓於周城旅舍假稱東南李賢主家婦生產難下大士見其庭中一樹每穗結實一百八枚即摘一枚使產婦吞之立下其核兒手握之以出後人異之取一穗穿成一串以記所行之善事名萁患子因其曾療產難釋氏所用念珠俗曰槵子大士至蒲蠻之地曰慶甸其地滷醎苦於水土人忽見一老者以杖觸地即有甘泉湧出不通姓名而去大士行此數事生民大被其澤回至落伽童言有客訪久大士請

大士慈悲顯化無時不然此特言其槩耳安生必求其道而止耐性等候眞正有心入

見安期與清平吉秋間在蘆山上賞玩鶴洲鳧渚之趣冬居蓬島中靜觀雪嶂松濤重巒複嶺春乃出遊雪竇翁洲桃花洞千丈巖夏則坐看瀑布泉含珠林諸勝適童子來招遂同入海行見兩山劍立安期曰所謂蛟門虎蹲天設之險也童兒遠指微茫曰此即羅伽山頭補陀別名至海岸孤絕處見大士青巾素服頸飾衆寶瓔珞安期執弟子禮拜見大士客禮相待安期請曰聞世尊有甘露凝珠欲乞此方修之大濟於世為世尊布施大士即以成丹并此方相贈安期須方藥拜謝起行過海北上由吳山經過清平吉遇見山圖留入山與赤須相晤安期不暇進會趕至泗水

尋琴高相晤合藥諸弟子曰吾師出遊已二百餘年今聞在涿郡期於今歲仲夏望日當還安期即往涿尋覓遇於白浮山各問訪道自修何如高曰所種龍子正熟所合栢來亦好將歸泗水也安期言上補陀求得神方欲與道凡同合高欣然便躍入山上二龍潭（潭水妙觀不過徑流白孚村下却北通幽都九龍池涿水遠達碣石之龍泉）收羅得龍子萬餘貯蕪小壺凡所種處流落幾頭歲歲旱祈禱立應人號為聖泉二人俱招赤鯉乘之借水道南行期曰聞約汝徒會於仲夏先期月餘奈何高曰齊地渾亭有馮伯昌好善可暫去其家乃相與含鯉登陸往見伯昌殷勤接待伯昌有孫曰鳴年甫一十少孤尤

好道術高與談投機一住四十餘日計望日將近壺中傾龍子數頭投其宅畔池中臨去謂鳴曰池中有物汝可求之二人復駕遁至泗水諸弟子刻至望日齋戒清潔設酒果肴品伺候水邊日中果見師與安仙長乘鯉來至觀者萬餘人高感其誠敬各授以栢末一匕服者不食不飢永無災厄每與龍子一顆教以交秋蓄之於水有急可乘之留連數日商議煉地高冋蜀山重壘而蒙山人跡罕到鷄犬不聞遂與衆別復入水而去馮鳴自高去後即沒水求之得如守宮者十餘守宮蛤蚧也每日喂養夜則結廬守之如是七十餘日龍體長大掉尾欲去鳴騰大逕跨上一龍任

其所之直至東海龍宮龍君迎謁口稱尊神何使鳴告以仙師命養龍子之故龍君即揩去計點衆龍如將赴鬭之狀鳴問兵卒曰龍君何往卒曰奉上帝欲降大水於中土沿東海濱齊燕淮徐一帶渰死造惡人民故如此耳鳴大驚撥轉龍頭飛至渾亭下呼召衆姓曰我馮伯昌孫也此間沿海人民不去五百里者必當渰死衆皆以為妖言鳴見不信回家勸眷屬人等各招池中之龍乘坐連夜奔入潁川駐足衆龍潛入川中明早水勢奔騰一望皆白一晝夜方退沉溺死者無算其時得生者琴高之徒乘龍遁脫或偶遠出首庶免此難淄川巫炎字子都少為郡小吏心靈

梓匠家魯班之下宜置巫炎一座

慧志存救人忽患危症肢體痺痛拘攣遇公輸子傳以妙道病隨愈由是木工精巧舉手能成器械聞岑山上有神（公輸有此高徒）泉飲之者心清目朗神振力生但高峻無路可上炎白於郡守請木工斤斧三十人作轉輪懸閣意思橫生數十日作大舍四間梯道而上其巔又作祠舍留止於旁絕二間以自固食芝草飲神泉靜養且七十三年及今八月霤水與海水合鬭下山急呼鄉族家室諸子約六千餘人令上山半少頃大水漂泊郡城盡沒越旦水勢既退始遣衆下山時鄉黨有病瘵處女二十人皆願贈炎為侍妾冀其篤疾可療衆女亦願留炎推辭其父母皆涕泣而求復捨之

奔去。衆女在山。日飲神泉。消除百病。炎御之者。所育皆男
三年之間。得子三十六人。生息既多。炎悉令抱子下山歸
寧父母。見者甚懽。食之酒肉。聞即嘔噦。留家數日。旋歸山
上。其後父母往探之者。下呼其名。即得遥晤。炎之頭上紫
氣高丈餘。東方謂其有陰術。身着鹿皮衣。皆呼爲鹿皮翁
一日上高閣。西望見瑞靄紛紜。知長安有好道之君。乃囑
家人曰。我往都市賣藥。百餘日即回。遂披鹿裘。負亦藥囊
而去。元狩元年。帝聞山東民遭險溺。五穀不登。詔徙其民

少翁

七十餘萬。散居於關西朔方。齊人少翁亦在徙中。嘗得李

王夫人

少君之術。聞帝所愛幸王夫人新卒。每思見之。少翁以方

術來見言能夜致鬼魂及竈鬼之貌帝令試招夫人之神少翁乃夜張燈燭設帷帳陳酒肉令帝自帷中遙望果見一好女體態與夫人無異但不能就視至曉方去帝益愁感爲作詩曰是耶非耶立而望之翩何姍姍其來遲次日令樂府絃歌之拜少翁爲文成將軍待以客禮建第與居多有歸爲弟子者文成進言曰帝欲與神通宮室被服不似神則神物不至於是畫雲氣之車及各以所勝之日駕之以辟惡鬼帝起神屋居之以白珠爲簾箔玳瑁押之象牙爲筏以琉璃珠玉明月夜光雜錯天下珍寶爲甲帳其次爲乙甲以居神乙以自居又作甘泉宮中爲臺室畫天

地泰一諸神而置祭以致天神居歲餘天神不至帝責問之文成意急乃爲帛書以飯牛(大差)佯爲弗知言牛腹有異殺而視之得尺帛書言甚怪帝疑之有人識是文成手書帝怒遣使往誅文成至其第宣言文成謂曰爲吾謝帝不能忍少日而敗大事乎帝好自愛後三十年求我於成山方共事不相怨也遂服毒死使者還具言之帝親至其第已殯入棺帝命發棺無所見惟有竹筒一枚疑弟子竊藏其屍(豈有藏屍之術乎)收捕檢問不得其實帝乃諱言其事癸亥冬帝居鼎湖宮(黃帝上昇處)忽患病劇甚巫醫皆不愈問所祀神君於上林神君曰天子無憂病少愈强與我會則病除矣未幾果愈

命致祀甘泉親畋於上林苑中射鹿以爲牲見一白鹿獨傍一角獸而立帝將射之侍中張果曰此鹿昔河間王所釋之麟母也一角獸即其所生道友玄俗曾言之帝令以伏寀銅牌一面懸左角下爲記更射一鹿起駕幸甘泉至中渭橋（高帝造東渭橋以通櫟陽武帝跨渭水造西渭橋以通茂陵中渭橋即秦昭王時魯班所建）有一女子浴於水乳長七尺帝怪問之女曰第七車侍中知我忽不見時兒寬在第七車帝問之對曰上界女人星齋戒不虔則見於是帝愈肅恭既至甘泉先祀天地泰乙別設一座於側以祀文成帝親執禮病良已大赦天下置壽宮於祓君乙丑元年（因無瑞應但曰元年）春帝復遊渭橋見一人頂有丈

生子則順矣

何比干

餘紫氣咨問之曰臣北海巫炎帝問君年幾何炎曰一百三十八歲問何道術炎曰年二十五時苦腰背疼痛脚冷口中乾苦涕出足痺不能久立整病四十年皆以爲癈人至六十五遇魯仙師念臣好慈贈方藥道術自此强健勝於少壯至今七十三年有子幾四十帝喜曰可得言乎炎曰誠知此道爲眞然男女之事臣之所難言又行之皆逆人情樂此者少故不敢以聞帝留炎於邸界禮叩其道炎畧授其法居三月忽隱去帝行其法雖未能盡其妙然得壽已勝於他帝帝益信慈善之効丙寅冬張湯持法大嚴有罪自殺何比干爲廷尉字少卿汝陰人獨務仁恕所全活者數千人淮汝人號曰何公

一日忽有老嫗造門曰吾驪山女也在商周間爲天子今爲山人知公先世有隱德及公之身又治獄多平反今天賜策以廣公後因探懷中出策九百九十九枚曰公之子孫佩印符者當如此算遂遺之而去其後世祿不替比干嘗謂張湯子安世曰子能反父之行後祿未艾也安世領其教丁卯春起栢梁臺於未央宮北純以赤栢爲梁香聞數里初王大后延神君祠之宮中神君求去乃營一臺以舍之至是帝更廓大之其基高二十丈依巫炎之法以銅爲柱圓廣十圍上作銅仙人舒手掌捧銅盤玉杯夜承雲表之清露和以玉屑曰天漿甘露飲之可以長生戊辰冬帝幸雍

周子南君

丁義

欒大

郊祀上帝始立后土祠於汾陰脽上祀拜如上帝禮帝還過洛陽下詔曰三代邈絶遠矣難追以三十里地封周之後爲周子南君使奉先王之祀（益徵帝爲周穆後身）己巳春帝始東巡至泰山而還膠東王夫人遣弟丁義上書言家臣欒大曾與文成將軍同師廣有方術帝自文成死後深悔用其方不盡即召大至見其長身美容言多方畧問其道大曰臣嘗往來海中見安期羨門之屬以臣爲賤不肯授以眞道乃與臣以方術言能修之則黃金可成河決可塞不死之藥可得仙人可致也前聞陛下怒誅文成方士皆畏足山東帝惶恐曰文成自食馬肝死耳子誠能修其方我何

帝亦戲夫以此等名號極是但實對侯爵妻以公主則失之矣

△巫錦

[illegible]乎。大曰。臣師言神仙非有求於人。人自求之耳。陛下必欲致之。須貴其使者。佩以信印。乃可使通於神明。帝乃拜大為五利將軍。居月餘。得佩天士將軍、地士將軍、大通將軍、天道將軍四大金印。復以二千戶封大為樂通侯。賜甲第。以衛長公主妻之。賜僮僕數百人。夏六月。汾陰有巫錦者。為民祠於魏之脽上。后土宮旁見地忽如鉤狀。掊之得一鼎。大異於衆鼎。文鏤無款識。河東太守以聞朝廷。帝遣使驗問巫錦得鼎。實無奸詐。以禮祠而迎至甘泉。帝冐暑從行。薦之至中山。日出清霽無雲。晏晏而溫。忽有黃雲覆蓋於鼎上。一大麃。楚呼為麃麋。徑至鼎前。帝親射以為祭。駕回

⊙郭瓊

長安獻鼎於高祖之廟命以元鼎紀年以應其瑞起神明臺有金牀象席又起招靈閣皆羽帳流蘇帝前遣入海求仙方士無所見聞不能空還皆泊居齊魯悲思鄉里時東郡郭瓊字子華形貌陋劣而意度過人無寄宿人家輒以薪自照讀書不眠袖出一算子散置膝前則主家僕筒中凡秘書讖緯之籍緘縢甚密皆知如目覩漫道洞見隔垣敢云直窺奥室

武帝每識異人如鹿皮翁之紫氣獨見而識之直是根器不同故目力亦異

琴高喜種龍子似乎遊戲至救人處始知有用亦曰神仙所為常人固不識也

折象

人人知此則爭端盡泯幾於聖世矣

五仙臣同登漢殿　二高士共服菖蒲

有惡之者閉户塞門拒而不納恐知其家陰事也瓊能臥不閉目行地無蹤袒裼如任後遊廣漢寓寄人折象家象字伯式素好黃老術師事東平先生家世豐贍象謂多藏必厚亡乃散千金以賑貧苦招留有道之士瓊見其濫於用財諷之曰人皆經營積聚爲子孫計子何不慮此耶象曰我之施財乃逃福非避罪若夫子孫渠自爲計何必與之籌畫惟方寸一片心田使其耕食不盡瓊居數日欲教以不死之道象辭曰吾師曾言功微福薄不可安念肉體長存但能凝神令終得轉世爲有根人足矣瓊深重之一

伏筆

黃安

山頭之難 如此

日象自魁今月某日必亡至期忽屍觧如蛇蛻瓊見其家用不給乃出囊中金數十笏贈之去至東齊遇入海諸方士知其苦情謂之曰汝等難歸復命我敢為馬骨汝等可藉以歸乎方士曰如此誠厚幸不識先生果有道術否瓊曰有友人黃安為代郡卒推荊以讀書畫地以計數一夕地忽成溝時人謂安舌耕年似八十餘貌若童子常服朱砂舉身皆赤冬不着衣坐一神龜廣三尺人問坐龜幾年安曰昔伏羲始造網罟即得此龜以授我其背已平性畏日月之光二千年一出頭得此龜以來已五出頭矣人皆以其年數千又謂之安萬歲行則負龜而趨最善度人若

道心無處不慈悲

來歴

巫眞
金申
衞叔卿

得同去無憂應答也方士求璦至代引見黃安邀坐辟處
問令度得幾人安曰偶乘龜至上黨有一郡吏王眞稍知
養精攝神終身不娶年百歲面有光澤我以少陰飛體之
術與之勤煉未幾能履水赴火辟穀輕身隨我遊行潞城
有金申者厭惡經營不圖仕進常佯狂於市我察其有離
塵之志授以太陰煉形之術能單衣臥雪中預知水旱災（此等皆非太陰術中事）
祥窮通壽夭因父母在堂不能遊學幸有長兄侍養即託
病死葬百日餘一夕雷霆大作墓為震開其家人往視塚
裂數寸惟留隻履櫰扇薄衾而已金申遂同王眞一老一（代筆）
少去遊嵩山近日又度中山衞叔卿元君角之後儀容瀟

二

非特欲救方士且樂與武帝周旋

壽光侯

董謁

灑氣度不羣先教其服食雲母次教其導引元神漸通至道今將入上林苑招蒼（伏）麟爲坐騎也瓊曰金上酷好神仙道友盍往一顯眞道安曰子何不知我意耶瓊曰實爲方士淹留於外況帝非常根器觀其合道則留何必拘哉安曰如此去亦無妨欲我侮弄戲術則不可須遣我徒壽光侯行之教瓊與方士輩先行自至晉陽尋見壽光語以故然後至京戊辰七月方士回朝言在海上得一預知郭仙帝宣入令射覆數事瓊出算子算之皆中無失帝欲爵以官瓊曰臣友黃安深有道德帝命瓊招至安託以足躄不能行禮帝請問安曰臣實無能有仙長壽光侯姓董名謁

字仲君、趙董安于之後、能劾百神衆鬼、令自縛現形、居晉陽、其鄉人有婦爲魅所迷、侯許治之、得一三尺妖狐、死於門外、又有神樹、人止其下輙死、鳥過其上必墮、侯往指之、盛夏時、其樹葉忽枯隕、有大蛇長七八丈、懸死樹間、帝欲令安往召安、曰仙長道高、非號召可至、須責使蒲輪、猶恐不屈、帝謹命使臣厚禮往迎、既至、帝曰、夜半殿下常有數人、絳衣披髮、持火相隨、能治之乎、曰小怪易除也、是夜、帝使三人爲之、董行法燒符、三人仆地無氣、帝驚曰、非魅也、朕相試耳、仲君笑以水解之、自是敬奉踰常、稱爲仙長、適苑吏報上林一角獸、不知何往、帝怒欲誅守者、黃安曰神

孟岐

李充

物來去無常不可枉責下吏帝遂止八月有孟岐者枉父託名詣闕自言清河逸民恒餌桂葉尋師不避險阻近在華陰山採藥聞帝好道故披榛出見耳帝見其髮鬚皓白問其年壽岐曰臣年一千七百歲帝訝曰且無問夏商事祇言周初所見若何岐曰周公負扆攝政抱成王朝祖廟臣嘗侍升壇臣以手摩王足周公以王笏遺臣臣寶執之笏厚七分每以衣袂拂拭今褚易百幅笏銳欲折也出笏於袖中以示帝帝聽其語似實亦厚待之岐曰以臣言千餘歲為異臣有師兄李充字有根許人年二千餘歲色如少壯臣嘗約同來謂帝好殺難親所以不願出山帝曰朕如獲

不言而喻

黃安又累方士跋涉

見當待以賓禮不瑣瑣求其道法也岐曰若此可致矣遂領命前行往返二十日充乘安車至都帝遣羣臣迎入賜坐問道充閉口不言帝別建一館以居此五人相見之際一似從未識面彼此不言坐頃相視而笑一日帝幸其館問五人曰朕聞勃海有三神山多集異人每發使不能至疑其徒有空名實無此山或雖有山而無神人也黃安曰蓬萊為東海大區神仙所都去中土不遠而不能至者殆皆常人不見其氣不識其山耳凡仙靈所集必有和氣祥光故尋訪仙真者先望其氣之所在則求之必得矣於是帝更遣方士入海選能望氣者佐之務見蓬萊始歸復命

是秋九月帝幸雍且郊祀祠官寬舒曰五帝爲太一之佐
宜立太一於五帝壇中郊之帝疑而未定公孫臣修道於
東梁甫山偶遊滋液山見二人一衣紅一衣白在宮中合
藥口作頌曰
玉女斷分劑蟾蜍主和搗一九鍊人形二九顏色好
臣長跪拜求二人各與一九曰我日月之神也凡人得服
此藥立地成仙子遇之因緣不淺也臣連服二九精神頓
異身輕若羽二人忽飛昇而去臣無意中得丹喜不自勝
稱齊人名卿聞帝疑於郊祠之禮乃揆礼先見侍中宋忠
曰今年得寶鼎辛巳朔冬至與黃帝時等忠在文帝朝與

之有舊去五十年不能識視其書不經疑爲妄作謝曰寶鼎事已决矣尚何以爲卿乃自陳求見帝覽書大悅卿曰昔臣受此書於申功帝問功何人卿曰即與楚元王受詩於浮丘伯者建元初年徵聘來京後與安期生相遇受黃帝之鼎書申公嘗曰漢興復當黃帝之時漢之聖者在高祖之孫與曾孫也寶鼎出而興諸神還封禪七十二王唯黃帝得上泰山封漢主亦當上封上封則得仙矣考黃帝時萬諸侯而神靈之封居七千天下名山八而三在蠻夷五在中國其華山首山太室泰山東萊皆黃帝所嘗遊與神會之處採銅鑄鼎鼎成騎龍上升帝側耳而聽竦身而

爲琦㮊西南不小

王吉

歎曰嗟乎誠得如黃帝吾視去妻子猶脫屣耳乃拜卿爲
郎閒稱曰道士使東候神於太室帝郊雍畢駕至隴西登
空同追想黃帝之風已已五年還幸甘泉令祠官寬舒具
太乙祠壇十一月朔旦冬至昧爽帝郊拜太乙雲陽朝朝
日夕夕月則揖而見有司奏祠上有光見是夜復有美先
及晝有黃氣上衝於天文泰峙以明應太祝領祠祀春正
月公孫弘龔以石慶爲丞相帝欲討平南越先撫結西南
夷以司馬相如蜀人遣持節爲使土人皆從受經文教始
開時夜郎王巴狙獠夷思其德欲請立後相如許之回臨
邛訪其師胡安臨邛令王吉曰前月忽乘白鶴仙去相如

伏筆

○竺法蘭　劫灰二字大甚猛省　泰山公　□南越王嬰齊　□子興

悔不追隨名其講處曰白鶴山又令蜀民鑿山開池千里
相去遠報通邛筰僰道等處帝大悅勑封竹王三子爲侯
工人爲立思王祠都城曰思王城（思州思南蓋此子孫董延祭祀嚴謹）是夏
帝鑿池於樊川之西曰昆明池穿至地底得黑灰甚多帝
問東方朔朔曰可問西域胡竺法蘭蘭乃中天竺使者召
問之對曰凡世界盡時劫火洞燒此爲劫灰帝以爲然禮
遣還國時有一工人自稱泰山公（卿魯班）偶遊於此戲以石
刻爲鯨魚形投諸池中公忽不見池成於中教習水軍以
伐南越元朔中南越王胡薨（謚文王）嬰齊請歸嗣立好劍奢
靡殺生自恣及薨（謚明王）次子興襲位丞相呂嘉（不幸後）殺興

十呂嘉
○建德
○路博德
○楊僕

立建德為王明王長子已巳秋伏波將軍路博德樓船將軍楊僕分道征呂嘉等王入海伏波追獲并平西南夷詔廢建德為燕人斬呂嘉徙其子孫於徼外哀牢國初帝遣欒大入海潛居泰山祠中帝暗伺知之是歲大始歸妄言拜見仙師言其方盡其多不授人帝即指其詐腰斬於市并誅舉者丁義冬公孫卿言見仙人跡於緱氏城上帝率羣臣往觀跡可三尺疑未之信乃登覽大禹石見谷中有二人居焉召問曰居此欲學道否二人曰臣王眞金申偶憩於此並無學道意又問知詩書否皆曰不知帝戲之曰此大愚石中所產小愚人也從者皆微笑帝夜宿道宮使東方

文泰之言
毋為王金

朔董仲君侍寢夜半忽見仙人長二丈耳出頭顛下至於
肩帝起禮問仙人曰吾九疑山人沈文泰也聞中嶽朱君
處石上有菖蒲一寸九節服之可以長生故來採耳帝驚
覺顧問董東見否對曰無見帝曰彼非學道服食者必中（似乎）
嶽神以諭朕耳因採菖蒲服之經三日胸悶氣塞不能再（吾悟）（奈何）
服時從官多效服之亦不能久谷中王金聞之採服不止
後受神丹常歸鄉里老幼世世見之秋七月司馬相如卒
遺書勸封禪辛未元年帝令下議曰古者先振旅而後封
禪令置十二部將軍帝帥師北行單于懼不敢出乃還至（此問不可無）
翟道臨祭橋山冢帝曰聞黃帝不死今有冢何也仲君曰

乘龍上天葬其衣冠於比帝回長安是冬聞越王反餘善
躭於遊戲頗好神仙聞祖遇何氏九仙得釣蟒釣竿於内
府取出釣於城南江上得一白魚鼓鬣斬眼知為龍也縱
於江風雨陡作餘善建一臺於山上曰釣龍臺遂起兵念
北掠浙水會稽太守朱買臣擊敗之其下共殺之以降買
臣復撫平東越正月帝欲東巡詔董謁李充孟岐郭瓊黃
安同輦謂之五仙臣侍中博士等隨駕又聞扶風人車子
候有無為之道召至愛其清靜亦授侍中令公孫卿持節
先行候諸名山倣黃帝遊蹟三月東幸緱氏禮登中嶽太
室從官在山下聞呼萬歲者三可十萬人聲若發於上至

阮丘
朱璜

上問之帝與左右皆聞在下大以爲奇令築尋眞之臺齋戒精思三日不得乃以三百戶封之使奉太室之祠詔命曰崇高邑又曰奉高至睢陽有老人數輩見帝言睢山上有道士阮丘衣裘披髮耳長七寸口中無齒日行四百里居山種葱薤百餘年時下山賣藥有廣陵朱璜少病瘕毒因詣就醫丘曰卿能除去三尸再得眞人之藥可度世也璜曰如得病愈當作客於君三十年不敢自還丘乃與七藥物令日服九丸下如肝脾者數斗養數十日體健意朗丘復與老君黃庭經令讀日三過通之能思其理遂偕入浮陽玉女洞居三十年璜年且八十丘復至故處見其鬚

長三尺餘凡古豈變異祿戒於人始知為神共敬奉之帝即至睢山見丘即其道德丘曰不過髮白能返黑齒落能更生耳帝曰即此便是不老之方君能為朕返髩之星星乎帝心勞役鬢髮蒼斑丘以椶扇對面一拂霎時鬢如漆黑髩似螺青帝索鏡照之大喜載以後車問璜何在云向廣陵駕至泰山先立石山巔以告將祭之八神一天主祠天齊二地主祠太山梁父三兵主祠蚩尤四陰主祠三山五陽主祠之罘六月主祠之萊七日主祠成山八四時主祠琅琊遂東巡海上先祭陰陽日月四時之神公孫卿奉節至東萊見一老父牽犬夜行聞之言我許季山也嘗得病弗愈清齊祭於泰山

張巨君

晝夜祈訴請命忽神人降曰汝何事苦告神明僕曰某汝南平輿人抱疾三年不知罪之所在故於靈山請決生死神曰我乃張巨君字季連有易道可射知汝禍之所從因拜求垂示巨君爲筮卦遇震之恒初九六二六三有變曰汝是無狀之人病安得愈僕曰願爲發之巨君曰汝曾將客東行爲父報仇乃於路殺客納空井中用石蓋之其人上訴於天以此病責汝也僕曰實有此罪父爲人所搏掌此耻終身特邀一客往報中途客欲奔告仇家所以害之巨君曰神鑒難欺汝勤自首吾還山爲爾請命自此病漸愈其後巨君又傳吾筮訣遂畧知易占惜未求度世之方

故復韋犬來饗也、卿問巨君何許人、季山曰、但聞安期生在齊有張董李三徒、首曰巨君、次曰仲君、次曰少君也、卿再欲問、其去若飛、倏不見、卿以奏聞、帝信以爲神、留宿海上、徘徊若有思、瞻眺終無見、

眞仙並集於側矣、而復遣人外求、誠失諸近也。況丈泰夜見武帝、未必爲王金也、而二人適逢其會耳、可見仙家服食之物、亦有定數、

劫灰忽見、恰遇識者、發明、須知乾坤有盡、碌碌浮生、特暫息耳、可不及早修眞、以避劫火、

○○○封泰岱車公化去　○○○會延璽金冊臨凡

建望仙門於東萊北濱建三山亭於瀕海聞安期常居膠水築臺於城南登訪其跡曰幸臺碑刻尚存四月還至奉高舉行封禪先至梁父祠地主作封於泰山下之東方禮如郊祠太乙其下秘藏玉牒金書帝行禮畢獨與奉車子侯上山巔時拜奉車都尉其上亦有封事皆禁而不漏明日由北陰道而下禪肅然山泰山下阯東北如祭后土禮帝皆親拜是夜若有璽光晝有白雲起於封中帝坐明堂羣臣更番上壽頌德詔賜民牛酒加年八十及孤寡者布帛二疋復博奉高蛇丘歷城今年租稅大赦天下方士進書天子既封禪無風

雨之阻乘今入海則蓬萊諸神山若將可到矣帝欣然曰庶幾遇之阮丘請居泰山守祠不欲他適帝許之復至海上駐蹕數月發憤欲自浮海東方朔諫曰仙者得之自然躁求無益第邃宮靜處以須之仙將自至也帝尚猶豫適奉車子侯暴病死帝興索然令殯載車中傍海北至碣石延遼西歷九原五月返甘泉凡周行一萬八千里焉（所巡亦遠矣）帝改今年為元封命子侯喪車歸葬扶風其家人適至言子侯未殁召先一日語家人曰吾已補仙官此春應去至夏中當暫還少時乃復去三日前曾回家敘別豈遽死乎帝命啟棺大風衝天中無一物間其素得何人之道對曰彼嘗

云隨黃列子遊獵九江射中五色鹿逐跡尋鹿遇服神芝
而得道帝思之不已作歌曰
嘉幽蘭兮延秀蕈妖淫兮中塘華斐斐兮麗景風徘徊
兮流芳皇天兮無慧至人逝兮仙鄉天路遠兮無期不
覺涕下兮沾裳
帝情不舒令披輿圖閱之九江星渚間疊嶂九層崇巖萬
仞周五百餘里旁詿匡廬之山問匡山何神博士曰名山
記云昔匡子希兄弟七人孝弟著名周武王召聘不起遊
諸名區見覆笥山上有湖周數里多生靈草異物旁有石
井泉通湖中又有石鴈春秋皆能羣飛有小石笥中有玉

處眞仙
至
玉子登

牒多記名山福地及得道人姓名張果曰即臣所言療河間王疾之玄俗也東方朔曰别號谷希子臣常師之帝曰可得致乎朔曰道世已久恐難驟致帝遣使設祭賜號盧山君建匡君廟於山北歲時祭祀時四月中旬帝思朔還宮静養之言自此頗好清静屏去内侍閑居承華殿見一女子着青衣美麗非常冉冉而至徐問之對曰墉城紫蘭宮玉女玉子登西王母聞子志輕四海之禄迁天下之貴眞乎勤哉今七月七日當暫來降令先來報知帝下席跪諾玉女忽不見帝愈信朔言之實獨與言之朔曰道炁無爲自然西華至妙之炁化爲金母母乃尊貴神人鑒帝誠

動極思静

篤而降宜豫齋戒執卑禮以見庶獲福祥臣願陪侍是自
帝登延靈之臺盛齋存道以候之越五日朔奏望見巨靈
之神化青雀飛去帝即起青雀臺至七夕修除宮掖以紫
羅薦地燔百和之香張雲錦之幃燃九光之燈帝盛服立
階下召朔侍帷外勅端門之內不得有妄窺者寂謐以候
雲駕及夜二唱後西南白雲起鬱然直來逕趨宮殿須臾
轉近聞雲中簫管之聲半食頃王母駕至群仙數千或駕
龍虎或乘白麟白鶴或御軒車天馬皆如鳥之懸投光耀
庭宇既近群從不知所在唯母乘紫雲之輦駕五色斑龍
別有天神五十皆長丈餘同執綵旄之節咸住殿下母下

輦扶二侍女上殿侍女年可十六七服青綾之袿容眸流
眄神姿清發母登牀東向坐頭上太華髻戴太眞晨嬰之
冠著黃金褡襡文采鮮明光儀淑穆帶靈飛大綬腰佩分
景之劍履玄璚鳳文之舄年可三十餘修短得中天姿映
藹眞靈人也帝跪拜致誠畢立屏息母命共坐帝面南斜
坐母自設天廚珍妙非凡更於侍女索桃果侍女以玉盤
盛仙桃七顆大如雞子母以四顆進帝三顆自食帝食之
甘美異常精神煩爽留核欲種母曰中夏地薄種之不生
此桃三千年一實何可待之瑤池者纔千餘年尚未結實
適向東王公處摘來亦止二千餘年尚未及期故不甚紅

董雙成　石公子　許飛瓊　阮凌華　范成君　段安香　安法興

熟也朔從牖間窺之母向外指之曰此桃三熟此兒已三偷之矣今復見而垂涎耶乃以一顆與帝賜朔帝向牖隙出朔接而大啖當時酒觴數遍母命諸侍女奏樂董雙成吹雲和之笛王子登彈八琅之璈石公子拊昆廷之玉許飛瓊鼓靈虛之簧阮凌華擊吾陵之磬范成君撫湘靈之瑟段安香作九天之鈞安法興歌玄陵之曲衆聲朗徹靈音駭空歌畢母曰子雖好道而不知其因夫欲修身當營其氣太眞仙經所謂行益易之道是也益者益精易者易形能益易者名書仙籍不益不易不離死厄行益易者謂常思靈寶靈者神也寶者精也子但愛精握固閉氣吞液

李慶孫

鄂容香

王九光之母

氣化為血血化為精精化為神行之不倦精神充溢一年
易氣二年易血三年易精四年易脉五年易髓六年易骨
七年易筋八年易髮九年易形形易則變化而道成矣此
元始天王所說微言今勅侍笈玉女李慶孫錄以相付于
吾修為言畢命靈官嚴車欲去帝下席叩頭殷勤請留毋
復坐命侍女鄂容香往與上元夫人相問云王九光之母
敬謝比不相見已四十年天事勞我致以愆面劉徹好道
適來視之然形漫神穢腦血淫漏五臟不淳關胃彭勃骨
無精液脉浮反升肉多精少三尸狡亂玄白失時雖語以
至道恐作仙材夫人可暫來否若能屈駕當停相須密昔

領命去有頃夫人遣一侍女同至答問云阿環再拜上問
起居畢即復去帝問上元何眞母曰太古以來得道女眞
是三天上元之官統領十萬玉女名籙者也俄而聞雲中
簫鼓之聲夫人既至從官文武千餘並是女子年俱十八
九許形容明逸多服青衣光彩耀目夫人年可二十餘天
姿精耀靈眸絶朗服青霜之袍雲彩亂色非錦非繡不可
名字頭作三角髻餘髮散垂戴九雲夜光之冠曳六尺火
玉之珮垂鳳文林華之綬腰帶流黃揮精之劍上殿向王
母拜母坐止之呼坐北向夫人設廚亦精珍母勅帝曰此
眞元之母汝當起拜帝拜畢還坐夫人笑曰汝好道乎聞

數招方術祭山嶽祠神靈禱河川亦爲勤矣勤而不獲實
有由也汝胎性淫胎性奢胎性酷胎性賊胎性暴暴則使
氣奔而攻神淫則使精漏而魂疲奢則使眞離而魄穢酷
則使仁喪而自攻賊則使心鬬而口乾不能遣此五難徒
自勞也帝下席跪謝母謂夫人曰此子勤心已久而不遇
良師當疑天下必無仙人是故我發閬宮暫舍塵濁帝見
母巾笈中有紫錦囊啟問何物母曰此五嶽眞形圖也昨
青城諸仙就我請求今當至彼付之帝請瞻覽母曰此三
天大上所出文秘禁重貴汝穢質所宜佩乎帝叩頭固請
母曰欣子心誠今以相與當事如君父不可玩褻夫人語

例景君無常先生

青眞小童

紀離容

帝曰子得其眞形而無六甲靈飛十二事不能用也帝復
請教誨母亦爲言之夫人曰阿環不苟惜但常例景君無
常先生傳靈飛之約授女不授男所以不能伏見扶廣山
青眞小童受六甲靈飛於太甲中元與環所授相同今可
勑取之夫人即命侍女紀離容徑往扶廣勑清眞出六甲
左右靈飛致神之方十二事須臾侍女還捧五色玉笈鳳
文之蘊以出靈文夫人一一手指所施用節度示帝告曰
夫五帝者方面之天精六甲六位之通靈佩而尊之可致
長生母曰此太上所撰藏於三天紫陵之臺匪人弗傳不
可不愼也因授以五嶽眞形圖帝俱拜受夫人自彈雲林

白四非之擻毋命侍女白四非歌而和之歌畢乃告以從者姓名

忘瑤池之許

及冠帶執佩諸物之名所以得聞而紀將旦母起座將行遍一物

於帝曰是名兜木香其末産於兜渠國大如豆粒善禳

災疹非常品也帝再拜捧受母與夫人同乘而去人馬龍

虎導從音樂如初極於西南乃沒帝至此始信神仙之眞

有藏靈香桃核於內府以傳示後世以五眞圖及六甲眞

文藏以玉函金箱珊瑚爲軸紫錦爲囊安供栢梁臺上帝 補

謂朔曰昔東郡進短人鄉適至短人謂朕曰西王母種桃

算亦不可少

三千歲一結子曼倩已二偷之初以爲妄此人亦非凡輩

呼之已不知所往自此帝甚重朔拜太中大夫其秋有星

汲仁
勇之

茀於東井關中地後十餘日有星茀於三能有司言陛下誠
意封禪天其報以德星云壬申二年夏關中疫死者相枕
帝出內府璽香命塗於宮門疫癘頓息是冬郊雍五帝還
祠太乙作明堂於岐山以配泰山癸酉春天旱帝禱雨於
東萊縣兆沙上夾掖河兩岸沙長三百里後名萬歲河萬里沙過祠
泰山還至瓠子時河決濮陽帝臨河沉白馬蒼璧致祭而
回使汲仁等塞之越人勇之進言曰越俗信鬼故其祠數
有效東甌王令巫立祠建臺祠天神上帝百鬼而以鷄卜
壽至百六十歲後世怠慢故年衰耗帝信之始用越祠
鷄卜三月公孫卿言仙人好樓居於是帝作有山宮建章

宮光明宮千門萬戶皆極侈靡欲神仙來居其上令長安
作蜚廉桂觀甘泉作益延壽觀與通天臺置祠其下以招
來有道夏四月有靈芝三種生於殿防内令移植殿前謂
之芝英作芝房之曲歌之時百餘日不雨公孫卿曰黄帝
封則大旱三年謂之乾封令尊祀靈星其或河水不枯竭
禾稼可滋帝令天下祠靈星來幾甘霖曰布惟河北無雨
太白星東方朔曰秦并六國時太白星竊織女梁玉清衛承莊逃
梁玉清入衛城少女洞四十六日不出天帝怒命五岳搜捕太白
衛承莊歸位承莊逃入龜山玉清謫北斗下常舂生子名休配於
子休河伯驂乘行雨每至衛城恥母之奔輒迴駁故常少雨是

朔既仙矣寧其通靈非博物也

霍光

夏朔奏輔弼星昏暈至秋衛青卒甲戌夏復大旱民多渴死冬帝幸雍郊祀從河西歸過長平坂有蟲盤覆於地色如生所頭目口鼻皆俻帝問羣臣朔曰此必秦故獄地始皇拘殺無辜憤氣所生帝按地圖詳之果是問何以去之朔曰積憂者得酒則釋帝令以酒灑之其蟲立消益信朔之神異是年張騫莊助汲黯皆卒霍去病先於元狩六年卒去病微時常禱於甘泉神君現形願與之為婦去病大怒是正氣謂其妖邪不正後去病疾篤家人復請神君曰初謂霍將軍體弱壽命弗長欲以太陰精氣補之將軍不悟認為淫慾遂爾見絕今不可救矣去病臨終薦異母弟光字子孟

閔弘
欒巴

召拜奉車都尉乙亥冬詔令州郡舉茂材異等者千乘太
守閔弘上書言豫章太守欒巴深有道術巴字叔元蜀郡
人好道術不營俗事遊青城深處見五人騎木羊至即葛
由與四冶仙會後縱遊東南見趙陀築都城因言人世興
衰仙家快樂冶仙曰會所見羣仙或駕鸞鶴上冲霄漢或
乘蛟龍直入深淵眞令人愛羨由曰升天履海仙家常事
帶起下文
但未見入地而行者冶仙曰微子言我等已忘之前於大
冶山見一女子曰班孟不知何來能飛行經日又能坐虛
空中與人語常入地遊行初没足至胸既而但餘頭髻頃
之盡没不見以指刺地即成井可汲吹屋則屋盡飛去舍

葛之法想從玔處學得

墨汁噀之滿紙皆成文字悉有意義飲酒餌丹據云已四百歲顏色更少今在大冶欲煉大丹同往晤之且為君作媒何如由初不欲載勸乃從四仙往達其事孟曰學道中條天姥即約我曰修煉大冶緣成遇葛師命已然復何辭焉遂擇日招由成婚宴飲經旬附近諸山洞仙眞皆來慶賀由復邀四冶西遊故地蜀山惟青城為第一常竟日盤桓適遇欒巴見其神采迥異延上綏山飲酒食桃更傳以道法巴歸試之累驗時王吉已遷蜀郡太守聞巴名躬詣巴家請為功曹甚尊禮之問巴曰道術寧可試乎巴曰雖平坐卻入壁中去冉冉如雲氣狀須臾失巴所在壁外人

妙

見一猛虎大驚走避虎徑入欒舍中共往窺視巴則在焉
大人虎變威而不猛君子道長感而遂通
帝親受金母上元之訓而不能信從修煉豈非溺於富貴之病乎故貧士入道猶易雖然烏知帝之不能修煉也又烏知貧士之果易入道也
欒巴除怪至解職追尋求君山酒不自飲而進於帝可謂忠君救世者矣宜其得道之易曼倩以帝未應仙去故敢於竊而潛飲若帝飲而上升漢天下作何究竟曼倩之飲妙用也閱者勿僅喜其滑稽

妖狸

可見神廟之靈異皆非真者

○○除怪貍變巴施法　○○飲仙酒曼倩滑稽

後舉孝廉除郎中出守豫章盧山君廟神靈異能於帳中與人言語飲酒畢空中投杯下地人皆往廟求福能使江湖中分風使船往來皆得巴往謁神便逸去巴識之曰廟鬼詐為天官侵損百姓日久罪當治若令其避去又必枉病良民乃於廟求其蹤跡揚言推問其山川社稷之事鬼終不出遁去齊郡化為書生善談五經太守閔弘悅其才以女妻之巴上表請假遊行緝捕後八綏小請四治仙同行緝察此鬼所在知往齊郡巴逕見弘謂之曰公婿非人也是老鬼詐為廟神今走至此弘召婿出見書生匿房中

獨足鬼

不出巴曰出之甚易請太守筆硯作符符成長嘯一聲空中似有人攝符去一堂皆驚此符直從窻櫺中飛入書生見之向婦涕泣曰我不能違去必死矣遂自捧符至庭見巴逡巡不敢前巴叱曰老鬼何不復爾形乃應聲變爲狸堦下叩頭乞活巴勅殺之空中刀劍交下狸頭墜地弘女已生一兒須臾亦化爲小狸巴令提出撲殺弘捧金帛爲謝巴不受而去還至豫章郡中時多獨足鬼爲祟百姓驚惶病者甚衆巴到後此患倏除適帝招致茂才弘薦巴徵爲尚書郎帝問其道術巴對曰雖有微術皆用神將試之有損稍有緩急當用命巴言臣讀君山記云有美酒數斗

飲者即仙是冬帝即南巡狩至君山求仙酒惟聞酒香竟數日不得已曰成仙之物非可易得臣願留此務得其酒來見帝更欲禮祀南嶽以衡山阻遠從臣亦憚南行擇七進曰灊縣之霍山形與南嶽小似又名天柱可移祀嶽神於霍等一禮也帝回江陵至六安登灊之天柱禮祀衡山之神號天柱為南嶽上有天池龍湫凌霄大樹留遊五日望秩南之名山大川浮江而出樅陽一路致祭仙靈棲止之所過彭蠡登祀廬山君廟復由潯陽北上金鼓之聲驚動江中惡蛟帝舟將覆慌迫之際一人控弓履水至帝船恭身曰凡俗感帝顧祀故命續來亟駕連發數矢蛟妖盡

公玉帶

滅風浪頓平壯士忽不見帝驚異博士曰聞南嶂有匡阜先生名續廬山君之弟此或是也遂封續爲南極大明公立祠於虎溪列於祀典帝北至瑯琊傍海遊行四月中至奉高修封禪之禮阮丘冠章甫衣黃衣攜琴曳裾來迎謂帝曰今日勿登泰山登必傷足帝不之信及上行數里至一殿少憩忽左月梁折墜下左右忙扶帝走已傷足指帝見丘言果驗封稷丘君食邑稷下帝不能行禮但祀而還下山居明堂養傷有濟南公玉帶進黃帝時明堂圖帝令如圖作之回至長安鑾巴從君山得仙酒回帝令封固置殿上明日禱祭神人然後飲是夕東方朔值宿竊開嘗飲

妙人

竭醉倒殿下帝怒欲殺之俟其醒而後加刑三日始醒從
容見帝曰臣獲罪當死然仙酒有驗殺臣亦不死若殺臣
語善解
而死是酒亦不驗爲醉人害人之物耳帝笑釋之謫使西
北諸國得異物贖罪時迹大旱欒巴奏有能嶠經誦之立
致雨帝令建壇巴捧經登誦未及半滿空萬龍旋繞大雨
滂沱帝敬巴如神明丁丑冬帝東巡冬至朔祠上帝於泰
山行封禪禮先祠太乙於明堂太祝奏稷丘君於前月尸
解遺一琴獻上令收入後車爲之立祠置百戶奉祀帝自
受王母上元法後意旨閒暢高韻自許叢植桂於壇旁夢
寐思損常謂神眞見降必當度世特此不修至德更興臺

神仙所製小物亦靈

曰壺遂

司馬遷

館勞敝萬民路盈愁歎是月乙酉日栢梁臺災所藏圖經并籍函並失以勇之言作建章宮治太池漸臺池名太液中凝爲海中神山更立神明臺井幹樓復鑿影娥池昆明池石鯨每風雨至則揚鬐鼓鬣時有釣於此者鯨食餌被鈎絕綸而去乃見夢於帝求去其鈎明日遊池上見一魚啣鈎浮沫帝曰非昨所夢者乎取魚去鈎放之後日帝復遊池上得明珠一雙歎曰魚之報耶復穿水爲曲江每宴臣於此是夏公孫卿壺遂太史令司馬遷等言歷紀廢壞宜改正朔詔兒寬與博士等共議皆謂宜用夏正詔御遂等共造歷曰始以正月爲歲首色尚黃數用五應土德也

天鑑非遙

唐都　洛下閎　二耿壽昌　太初　西李凝姬　李廣利　公孫賀

閬蒲子八唐都年百歲巴西洛下閎字長公皆深明曆埋
徵爲金馬待詔改造太初曆渾天之學遭秦而滅閎與耿
壽昌物色得之耿年少善筭有記才因用以參酌將改元
太初帝所幸李夫人姻淡於紛華帝欲侯其兄廣利夫
人以無功不可詔拜爲貳師將軍命伐大宛取善馬戊寅
二年春二月石慶卒帝以公孫賀爲丞相夏五月東方朔
從西那邪國還得風聲木十枝以獻長九尺形如指出因
洹之水實如細珠風吹如玉聲郭瓊曰此木若汗出則人
有疾死亡則枝斷折朔曰此木五千歲一濕萬歲一枯也
帝賜一枝於朔一賜公孫賀留供八枝於鼎湖宮朔言卷

山陽有丹木黃花而朱實土人云服之長壽但當俟千齡也乙卯正旦朝賀畢帝賜百官酒宴飲間欒巴跟蹌而至面帶酒容帝笑謂曰元旦大會卿獨後何也且罰一觴巴接酒沉吟向西南三噀之有司奏巴大不敬巴曰臣之鄉里以臣能治鬼護病作為立廟今旦耆老到廟享臣不可委之是以畧有酒色適見成都市上失火未熄臣故潄酒為雨以救之當請詔問帝發驛書問之成都守臣奏正旦食後有一足赤烏向民戶呼氣即延燒不已須臾有大而三陣從東北來火乃止其雨着衣冠皆作酒氣帝驚歎呼巴為先生問赤烏何能到人東方朔曰祝融神有畢方鳥

回祿司之其所至處即火災是春樂巴忽病臨終謂家人曰吾將入蒙山從羨門生遊帝知其解去命葬於甘泉西麓方士有言黃帝時作五城十二樓以候神人於執期帝命作之悉如其方朔曰聞昔黃帝一世為民修世間福再世得為臣修出世功德三世乃得為君遂捐棄萬機得鼎煉丹乘龍升去帝王能承御乾坤順逆之道則千載之壽亦未為多若功業行著白日上天亦分內事徒以征伐為威武建作為奉候臣恐愈遠仙道矣帝色愠時李廣利進圍貳師城大宛出善馬無算盡取之而回詔封海西侯廣利妻韓太華安國之妹以解道德屢勸夫行仁及擬音至歎曰

韓安國

天漢

蘇武

李陵

摯峻

殘人家國以為功可同罹乎將與小姑南入越州矣遂無疾而化庚辰夏李夫人卒帝悲悼勅葬於雍每歎曰安得如文成之術者乎董謁曰黒河之北有對野之都地出潛英之石其色青質輕冬温夏涼刻為人形則夫人之神來附帝令仲君一行盛其車從明年改元天漢辛巳元年遣中郎將蘇武使匈奴單于脅誘不屈置大窖絕飲食數日不死匈奴以為神李陵廣孫善射有祖風壬午與廣利北擊陵獨遇戰失窮降於匈奴帝遂族其家司馬遷為陵辯帝下以腐刑遷乃作史記以與京兆摯峻交好峻退隱於岍山遷既覲貴以書勸進峻報遵上之遷果以悔吝被辱峻高

王賀

似乎難聽

尚不仕治守清節後卒岈人立祠號岈居士時尊用酷吏盜賊滋起賀為繡衣御史逐捕魏郡多所縱舍以奉使不稱免歸賀歎曰吾聞活千人者子孫有封吾活萬餘人後世其興乎冬十月帝升蒼龍館凝思仙術召諸方士言遐方之事衆莫對東方朔操筆疏曰臣遊北極至鏡火山日月所不照有龍銜火以照山四極亦有園圃陂池皆植奇草異木有明莖草如金燈折為燭照見鬼物形象亦名照魅草洞腹草嘗東遊吉雲之地得神馬一匹高九尺王母乘雲光輦以適東王公稅此馬於芝田未及收逸於清津天岸臣至王公壇騎此馬而返繞日三匝於馬上睡一寢不覺還至

迨入漢關門猶未掩因其捉足名步影駒九景山東有吉雲草十頃二千年一花今年應生臣往刈之以秣馬更肥健其國嘗以雲氣占吉凶若有喜慶之事則滿室雲起五色照人著草樹皆成五色露味極甘帝曰吉雲五露可得否朔曰臣倚此馬立至日可二三往若五露去時月看言記而去至夕乃還得吉雲草一束玄白青黃之露各五合盛以青琉璃瓶授帝曰適當其時而得此露飲之老者皆壽疾者皆除帝遍賜羣臣曰可償君山酒矣後彗星現西方朔又進指星木於帝教指彗星應時而沒癸未秋上林獻棗帝以杖擊未央殿檻呼朔曰叱叱朔來朔來知此篋

西使

武帝能識異人

中何物朔曰上林獻棗四十九枚帝問何以知之朔曰呼朔者上也以杖擊檻兩木林也曰朔來朔來者棗也叱叱者四十九也帝大笑賜帛十疋時又東巡由太行以祠恒山杞畢下山一人突眼捲鬚（其來亦突）雲衣螺帽非中國人相捧璽膠一函吉光毛裘一襲獻上帝問其何來答曰西王母遣來謝延靈之救帝恐是眞不敢褻之乃收其二物載以後車東至暘丘見一老父鋤於田間狀如五十許人面若童子頭上有白光數尺帝問之答曰臣年八十五時衰老垂死有道士阮丘教臣絕穀服朮飲水并作一神枕與我中有三十二物其二十四以象氣其八以應風臣遵行之髮

泰山老父

轉黑齒更生日行三百里今三百八十歲矣阮先生云仕

泰山候我將入山求其大道帝喜賜以金帛得傳其方老（丘去處）

父拜謝而去後入泰山或十年或五年一還鄉里皆呼爲泰山老父二百餘年乃不復還甲申

春帝巡至青齊遍遊諸山於一山得玉函一方長五寸令

收之下山函忽化爲白鳥見其足青嘴赤素翼絳顙向西

飛去帝異之時西來使者在側曰此山上有王母藥函常

令是鳥守之亦王母使者也遂名此山爲函山至秋帝幸

華林園射衡弩弦忽斷西使請以所獻靈膠續之帝初不（靈膠當題）

知其妙付諸外庫命取試之使者濡膠續絃將連和潤與

未斷者無異帝令二武士對掣之終不脫視其膠色如碧

玉帝問其出處對曰出自鳳麟洲洲在西海中地面正方皆一千五百里四圍弱水繞之上多麟鳳數萬爲羣以鳳喙及麟角合而煎之名續絃膠又名連金泥已斷之絃已折之刃以膠連屬較勝於初帝更問裘之用使者曰吉光神馬壽千百歲取其皮爲裘能入水不濡跨火不焦帝始異而珍藏有道士張方見帝言世不乏仙男女皆可入道自云漢中人其里有袁氏女袁君之後居漢沔之間幼而沖靜無營及笄澣紗濜水上忽雲雨晦暝若有所感而孕父母責之袁女憂憤而卒臨終謂母曰死後見葬願以牛車載送西山之上父母殯置車中表及駕牛其車自行踰漢橫

曾皇妃

主仙道君

流而渡直上盡口平元山頂（即盡口化）家人追之見五雲天樂幢節導從昇天而去止存空棺同時近地有麗女不食腥羶素慕清虛每云我當登天不願住世父母以爲戲言因行經東武山下（即真陰化）忽有神仙飛空而來自南向北尚逾十里女端立不敢前進羣女真齊至山頂化城樓宮殿一仙姑下山身光五彩召女入宮闕仙靈羅列儀仗肅然謂女曰汝有仙骨當爲上真太上命我等授靈寶赤書五篇真文按行之飛昇有期女問是何仙真仙長曰我阿丘曾皇妃也昔亦受此書文奉行爲主仙道君之輔弼昨麻姑朝見道君云有趙方二徒應早入仙奈何皆有貴夫榮

俱不得古宿而化子將證位崑崙故來召子以補其缺語畢領羣眞飛去麗女既受眞文居家勤修九十日三斬赤龍道君命褒女來迎遂白日上昇帝聞其異勅邑長立祠二處四時祀之（濾口祠極靈凡大旱禱之立應濾口山頂雙轍迹猶存）未幾張方辭去帝留之不得棲於東武山石室有赤虎踞坐瞪視口角流涎方不之懼（至元康中亦成道昇天）西使謂帝曰張道士所言皆實臣在崑崙嘗聞之乙酉春西使辭去三月帝東至泰山修封禪事令植柏百株以祝壽還至武垣見靑紫氣自地屬天望氣者言此乃貴人氣推得其下有奇女子合天子之祥也帝訪之果見一女子在空室中姿貌殊麗兩手反

屈如鈎令展之數十人不能擘帝自披之即開中握一玉鈎問其姓氏從來女曰妾齊郡趙氏女少耽清淨卧病六年遇神人麻姑賜玉鈎令緊握之居此空館靜俟言有能開汝手者即可托以終身含章可貞遐歸終吉

巴之術非勝於五仙而祈雨救火五仙若弗及者何也蓋法術乃仙家餘技故以讓巴耳

鈎弋夫人為痛氏後身故麻姑授以道術而夭厄之言又早示臨終之兆特以夙因未了不能度之以去或亦前生餘業耳

趙婕妤
太始
程偉
方氏

○瑞氣現鉤弋逢君　○○巫蠱興衆仙避世

今年已二十由是帝用聘禮徃其母家求之載歸後宮進爲婕妤還過常山祭麻姑於渤海（滄州有麻姑城）歸建一宮於城外曰鉤翼後避諱（改弋）使趙婕妤居之婕妤能黃帝素女之術帝甚寵之呼曰拳夫人又謂之鉤翼夫人以是年爲太始

丙戌二年黃門侍郎程偉逼妻致死帝令捕殺之偉素好黃白之術妻方氏能通神變化偉常從駕出而服飾不備心以爲憂妻曰止欲衣耳何愁之甚耶言未已即有雨縑至前用以爲衣偉猶不以爲異偉常按枕中鴻寶連時作金不成妻即因爐中水銀出囊中藥少許投之須臾成金

陵

術道之不輕如此

偉始驚曰道在汝處而不早告我何也妻曰汝之骨相不應得得之者須由天命偉急欲授方乃日夜說誘之賣田產以致美其衣食如此年餘終不肯言出與侶伴謀之歸即威之以杖妻輒知之曰傳道必當得人如其人雖道路相遇則當傳非其人雖寸斷支解終不傳也偉仍逼之不已方氏發狂躶身而走以泥自塗其面後遂蹶然卒於道

胡說

拳夫人歎謂帝曰方氏與妾同師彼先適匪人以致此斃然已得尸解之術非真死也帝怒擊殺偉拳夫人娠懷十四月於丁亥三年生一子名弗陵帝命其宮曰堯母門以堯十四月而生也戊子秋七月東方朔所供風聲木忽折知將去世

張齊
張極
東方坦
明哲自訟
石大伍公

有三子長曰齊次曰極次曰坦誡之曰
明者處世莫尚於中優哉遊哉與道相從首陽爲拙柳
惠爲工飽食安步以仕代農依隱玩世詭時不逢才盡
身危好名得華有累羣生孤貴失和遺餘不匱自盡無
多聖人之道一龍一蛇形現神藏與物變化隨時之宜
無有常家
令齊極復姓張坦仍姓東方朔嘗謂同舍郎曰天下無能
知朔知朔惟大伍公耳一旦有碧龍下迎遂乘之飛去
有神異經行世初朔聞甘泉宛若年百餘歲有少容請娶為小妻
是日宛若亦死時人謂與朔俱去同舍郎以朔言奏聞帝

召大伍公問之對曰不知帝更問公何能曰惟善星曆帝問諸星具在否曰獨不見歲歲星六十九年今復見耳帝思之正合朔之年壽仰天歎曰朔在傍四十八年朕不知是歲星哀哉慘然不樂者竟月勅以朔之衣冠葬於平原壘丘峙四夷平伏帝以明年為征和△春三月董仲君北還得潛英石上獻令工人刻李夫人形貌置輕紗幕中婉若生時帝大悅問得近視乎仲君曰此石有毒不可迫近帝雖從其言然常形之夢寐作歌憶之築夢靈臺歲時祀其上仲君恐帝傷於悲感陰碎此石帝乃已其夢思仲君云先經闇河北之紫桂林韓終曾於採藥復至闇海路遇墨

楊遼

江充

田千秋

子於蒙穀之山稱爲若士與談三日皆至眞道語帝遂[illegible]
楊遼爲使束帛加璧駟馬安車聘之十一月帝居建章宮
静坐瞥見一男子帶劍入中龍華門驚咤忽不見令軍士
大索十一日乃已帝往謁上林神君曰此神人報帝之聽
讒將有家變也太子據長而仁恕帝嫌其不類已寵寝衰
時方士諸巫聚京師女巫入宮教美人埋木人祭祀可以
度厄是爲魘禱妬忌者爭相告訐謂咒詛於上帝以心疑常夢
木人數千來擊體復不平令江充治巫蠱之獄充譖言太
子宮得木人尤多帝怒使充往捕太子先捕充斬之帝怒
甚衛后自殺太子亦自刎辛郊春田千秋訟寃帝大悲感

月氏使、
猛獸

作思子宮歸來望思之臺帝幸安定散遊有西胡月氏國王遣使來貢奇香四兩大如燕卵黑若桑椹帝以香非中國所乏付諸外府又抱獻一猛獸形如五六十日犬子大如貍其毛黃其氣禿悴帝問曰此小物何謂猛獸對曰夫威加百獸者不必計其大小是以麟爲巨象之王鳳爲大鵬之宗也臣國去此三十萬里常占東風入律百旬不休青雲干呂連月不散者中國必有好道之君國王仰慕故搜奇蘊而索神香步天林而請猛獸此獸乃崑崙閬上開明天獸之種也乘肥車而濟弱水策驥足以渡飛狐契闊遐途艱苦蹊路十三年始得神香辟天殘之死疾猛獸却

都去也

百邪之魍魎二物實濟衆生之至寶陛下乃不知貴乎是臣國占風之謬也帝勅獸發聲使者以手指之獸舐唇良久忽如霹靂兩目如礮磹炎光帝顛蹶掩耳武士皆失隊仗帝忌之令付上林苑作虎食羣虎見獸相聚屈跡帝恨使者言不遜欲罪之明日遂失使者及猛獸所在是秋董謁李充郭瓊黃安孟岐五仙臣相繼而死冬十一月甘泉神君亦不知何往諸侍中亡去相半壬辰四年田千秋請罷方士候神人者帝從之於是公孫卿謬忌寬舒勇之公玉帯皆罷去自後帝有得於靜養每歎曰向時愚惑為方

此皆悟道以後之反言也

士所欺海内豈有仙人言者盡妖妄耳惟節食服藥差可

廖冲

後元

少病而已公孫賀家於巳丑春正風聲木平折至是坐子
盜北軍錢身族誅夷是夏田千秋爲丞相桂陽廖冲明經
修行帝聘之冲字清虛聞帝好儒學乃應命及至見帝耄
荒諸子皆澆汰歎曰根本撥矣不去將以褚衣衣我未幾
遁歸山中吟眺自適後元癸巳夏四月鼎湖宮八枝風聲
木忽盡失去帝感腹疾秋八月賜鉤翼夫人死許立其子
爲皇嗣夫人歎曰慕塵世之淨華不即隨師修道以致於
警世之言
此然母死而子帝我亦已矣遂自勒死以帛束頸爲勒初夫人與
方氏同遇麻姑欲度其出世二女塵心未斷姑謂之曰汝
二人後當貴然皆遭夭厄蓋女以夫爲夭夫人殯後香聞十里帝

築通靈臺於甘泉宮內以招其魂時有青鳥集於上冬十
二月楊遼北回言於碣石遇一人顏如五六十歲止臣車
稱是墨子云將往遊蓬萊聞帝以帛璧聘我不能應命也
乃出一圖與臣轉謝帝覽之是穆天子（從來）駕八駿遊四極圖△
不解其意甲午春正唐都洛下閎造太初曆成知帝將終
遂辭去臨行書於後云歷八百歲當差一算有出而正之
者。漢人拾秦火之餘古法淪亡都閎欲言歲差之理浸潤
既久文儒決不能信唐開元中僧一行出當其時乃裁
定大衍曆△二人歸蜀入太峨山洞昔鬼谷子（照應不漏）見大峨小峨相對
如眉重崖複壁深遠莫測隱而著書都閎從學星曆之術
功成復來相尋常隨往來於青溪越蜀二月詔立弗陵為

上官桀　昭帝　薛平　始元

並太子丕陵霍光金日磾上官桀並受遺詔帝崩於五柞宮七十一歲位五十四年在殯未央前殿其所玩好皆入梓宮伏筆三月葬帝於茂陵興平有茂陵城奉太子即位於高廟是為昭帝帝孺慕生母追尊為皇太后將附葬茂陵舉棺空如無物故視但有絲履起雲即令葬之武帝寢殿中有怪每夜羣臣相驚一日武帝忽現形謂茂陵令薛平曰我雖失勢猶為爾君奈何令吏卒上陵磨劍乎言訖不見平視陵旁果有石可為礪吏卒常盜磨刀劍者霍光知之欲行捕斬尚書令張安世曰神道茫昧不可為法光乃止乙未建元始元長安大疫死者過半帝寢食俱廢楊遼言前使兆方[illegible]由汾陽遇一人

姓尹名林云初名澄字初黙幼時經行太山見石上懸一青芝夜望有光採食之日能行六七百里又於峨眉遇太清眞人宋君往朝太乙林叩首求哀得授三皇内文九丹秘訣修之大驗遂能投符水中水為逆流百步洪濤頓息以藥救暴死者即活善治鬼怪能使自縛而來頗知未來之事於周安王三年應爲道士居於樓觀已四百餘歲今在鄉里救人如召至疫厲不足憂矣帝即厚幣聘至問其救疫之術林曰臣藥所就無多恐難普遍聞先帝末年有

應前

月氏使獻返生神藥三枚出聚窟洲人鳥山或名振靈丸一種六名實靈物也八公以此活廬江王者請以此辟之

香之用大見於此

商人

康渠王

其病自滅帝令取神香燒一枚於宮中香聞百里得嗅者不染疾病者皆起其死三日者熏之復活香氣絪緼數日不歇帝乃秘錄餘香尊禮林於王邸常幸邸諮問一日太微帝君遣仙官下迎授爲太微眞人林遂乘雲而去邸吏報聞帝驚異戊戌四年有商人於扶風郿市以青布三十疋錢九萬買得二物武帝舊時左右識之執至都中奏言西胡康渠王所獻玉箱一玉杖一先帝甚愛故入梓宮此商恐盜於茂陵也帝詰其從來商人具說賣者形狀乃知是先帝使人審視陵寢無恙帝命給原値放歸二物藏於太廟未幾抱犢山居民進道書五十餘卷視之皆茂陵所

張慶　張徵子　淳文期　青童君　元鳳

藏帝命賚之益信先帝得仙時將作大匠張慶有女曰徵子以精思於静寝感格仙眞降臨自言東華王妃淳文期青童君之妹爲爾專一故暫降教徵子遂拜爲師文期授服霧氣之法曰雲霧是山澤水火之精金石之盈氣久服則能散影入空與雲氣合體徵子依法服之得以通靈帝聞之召入問道徵子對曰愛民以養國愛身以養命帝善之自是徵子常遊行於空蘇武覊北十九年前以死聞於漢及徵子歸言仍在海濵持節牧羊帝遣使責索匈奴不能隱始放還拜爲典屬國辛丑改元元鳳上官桀欲謀殺霍光而廢帝事洩族誅壬寅春泰山上大石立起上林中

元平

上官后

昌邑哀王髆

昌邑王賀

龔遂

田延年

僵柳復生（兆之瑞）孝宣帝年壯無子多御内嬖元鼎初有神女來遊招靈閣留一玉釵武帝以賜趙婕妤至是宮人求之不得謀欲碎之啟匣視釵惟見白燕升天宮中因爭作王燕釵甲辰夏帝鑿琳池（又曰百子池）七夕臨池張宴令宮女穿針乞巧先得者為勝後二年三妃並得孕丁未改元元平四月帝崩（在位十三年）年二十一遺腹産二子一女霍光議立昌邑哀王（廣利妹李夫人生名髆）之子賀奉上官太后詔迎立之賀素狂縱居喪游獵不止王嘗見大白犬戴方山冠而入王以問龔遂遂曰此天戒也言在側者盡冠狗也王不改霍光憂懣無計田延年曰何不建白太后更選立賢者王數出遊

夏侯勝 史王孫 王夫人 丙吉 宣帝 本始

光祿大夫夏侯勝當乘輿諫曰天久陰不雨臣下有謀上者王謂勝妖言命以屬吏光召問之勝曰在洪範傳曰皇之不極厥罰常陰時則下人有伐上者光益重經術之士會議共白太后使還昌邑初衛太子之子史王孫史良娣生從外家姓娶王夫人生子病已遭巫蠱事皆遇害皇曾孫坐收繫獄廷尉丙吉知其冤謹護之望氣者言長安獄中有天子氣時上林死蠶食挪葉成公孫病已立五字昌邑王廢議所立未定吉言於光光奏白太后羣臣迎病已即位改名詢是為宣帝明年建元本始立許婕妤為后己酉二年封昭帝遺腹子二人為王庚戌二年許后有娠而病霍光夫人顯使

許后 霍顯 霍后 地節 十魏相 徐福 霍延 霍績 元康

女醫以藥飲后而崩辛亥春光女爲后是夏地震明年改
元地節癸丑霍光薨帝始親政甲寅夏立子奭爲皇太子
許后生以魏相爲丞相時霍氏驕侈縱横帝收其印綬乙卯
欲謀廢天子事覺皆棄市光少子延去病庶孫績在逃初
茂陵徐生自云名福數上言防霍氏宜以時抑制其權及
誅霍氏遷福爲郎下詔捜業族滅禍極陳二霍有大功於
是詔留延續繼其宗祀福謂同舍郎曰予將跨鳳遊丹陽
賀功旋歸東海島上丙辰改元元康時有鳳凰下集彭城
衆以爲瑞丁巳二年有司奏丹陽句曲山有茅眞人中書
飛昇萬姓瞻睹帝縣其地曰句容名其山曰茅山初唐葛

⑩茅祚
⑪許母
⑫茅盈

按大茅君內傳、姬冑天才、叔悟、鴻志蕭杭、嘗謂二弟曰、世務紛錯、後求險巇、常慕高祖之逸樂、啡顧肥遯之利貞、耳年十八、辭親入恒山、讀老子周易傳、采朮服餌、潛景絕跡、積六年、精

周得河上公指點、居咸陽目久知太原茅君之子若孫仁
厚之至。而熹子祚更是誠實、娶許氏、生一子不育、過三旬
無子、奮志行善、施財粟賑濟貧民、行三年、許有娠、於景帝
中元五年十月初三、生子、紅霞盈天三日、因名盈、字叔申
目少秉操、特異、獨味清虛、後連生二弟、遂別父母入恒山
修道、時年十八、得遇西城王君（即中華總真帝君金蟬子撩玄）、王君初在
中嶽後宮林屋洞、吳王使韓崇下探、授以丹方、崇行之有
得、精氣永不衰、倦仕漢、為汝南太守、在郡十四年、治政為
天下最、王君又降、挈入大霍山洞同煉、崇得上昇、王君巡
遊五嶽、偶至恒山、茅盈遇之、拜為師、叩至真上道、王君惟

思誠感夢天
玄玉女謂曰
西城有王君
得眞道可為
子師矣不迷
尋明發覺悟
徑造西城卒
見王君重陳
無已王君顧
左右曰形影
空苦似有志
矣乃接引誘
開戒以勿怠
留洞宮執巾
履之役者十
七年見君謹
密使主衣書
圖籙復三年
命駕遊龍山
携揖音琳宮

授以餌朮調神之法盈行之便得身輕辟穀朮餌能補脾
氣滿不思食

巫蠱之獄將起國有變異東方所以先去而五仙獨後
者無官守也帝未終也時至乃行耳然去必示以死者
惡知其不與帝默會以掩俗人耳目。

武帝一生好道王母親降仙侶盈朝若殁而寂寂則所
遇諸仙眞後將議其誕矣惟茂陵一見鄗市再見而箱
杖道書復出於世大啟後學之心知仙之不妄

尹林之沖舉茅君之飛昇皆詳其始終讀此則知仙之
果有而修眞者不為色沮矣

○○太茅君泰山獲偶　○王子淵蜀道昇仙
後從詣白王龜臺朝謁王母乞拜曰盈以不肖之軀慕龍
鳳之年以朝菌之脆求積朔之期母愍其志告之曰吾昔
鄭
重言之
師元始天皇及昊天上帝博桑帝君授我玉佩金璫二景
纏練之道上行太極下造十方激月咀日以入天門名曰
玄真之經今以授爾宜勤修焉敕王君一一解釋并授寶
書四童散盈拜受歸恒山北谷修煉天漢四年三月十八
日老君下降得以道成時年四十九忽想還家父母年八
旬外優遊自樂盈登堂拜問父怒其久出不事恒業欲手
杖之盈長跪告曰已受聖師符籙常有天兵侍衛杖盈恐

◎茅固

◎茅衷

眞心修道者仙眞樂得而教之、

伊子蒲

青與紫有異耶、當咀之嚼之、

有相阻、盈罪益甚、父欲驗其言、故杖之、杖輙折成數段、如弓矢之發、中壁則壁穿、中柱則柱陷、始信其道成、大弟固字季偉、次弟衷字思和、不好玄修、勤攻儒術、盈家居未幾、復東入吳之句曲、遇一人乘白鹿來遊、曰、子伊子蒲先生、常採青芝於東山、山有神芝五種、其三色紫、形如葵葉、光明洞徹、服之拜為太清龍虎仙君、予力薄、只餌青芝也、今幸會子、子既受玄眞之經、尚未得玄眞自養之法、我當授子、即能遐舉飛昇也、盈受其教、居句曲、精修後、父母壽終、至家行服哭泣盡禮、殯葬復去、既而固為執金吾、衷為西河守、將並往官、鄉里送者數百人、盈亦歸家在座、笑謂衆賓曰、我雖不作二千石、來年四月三日。送僕登仙。當亦不減於今日也、衆雖應（俗人應爾）而心不之信、時本始四年也、至期門前數頃地忽自平治、無寸草、皆施青縑帷幄、下鋪白氈、可容數百人、衆賓畢集、大作宴會、杳無使從、但見金盤玉盃、自至筵前、美酒嘉餚、異果、不可名字、復有金石絲竹之音、滿耳非蘭非麝、香達數里、少頃、仙吏來迎、朱衣玉帶者數千人、旌旗甲仗、光彩奪目、盈與家人親友辭別、囑曰、我在東南句曲山中、信者可來會我、乃登車乘雲、冉冉而去、二弟在官、聞之、皆棄還家、求兄於句曲東山、向空禮拜曰、二愚蒙願從伯氏學道、盈與相見曰、偌何晚也、年已俱老、修眞不

泠廣子期
管修條
太衛帝君
石叔門
金闕聖君

易初教以延年之法令長齋三年授以上道使存明堂玄真之氣各贈九還丹一劑并神方一局圖裘佩服之苦行六年亦遂成仙分居三峰修持時謂之三茅山未幾隊仗無數擁四天使至皆衣繡執金冊寶物以詔茅君曰上天知子行滿特賜法寶更俟後命大茅君率二弟拜伏聽命上首一人曰僕乃繡衣使者泠廣子期奉天皇大帝遺賜神璽靈策一人曰予三天左宮御史管修條奉太衛帝君命（即玉晨道君）賜子八龍錦輿紫羽華衣又一人曰臣奉太上道君命賜君金虎真符流金之鈴乃協晨大夫石叔門也一人曰予太極真人領金闕聖君命賜子以四節燕胎流

○王忠
○鮑丘
○張靈子

明神芝、遂使正一上玄丘郎、王忠鮑丘等、付諸法物、大茅君起身恭受佩璽服衣正冠帶符握鈴食芝、再拜謝恩、使者授策既畢、各騰空去、大茅峰半有繡衣亭一弟自愧道德未孚、退居左右二峰勤修、西靈王母知茅君道成、與上元夫人往約南嶽赤大眞人、方諸青童道君、并其師西城總眞王君各以方面車服降句曲之山金壇之靈華陽天宮、先使侍衛至其庭、傳命茅君、盈拜迎、王君爲盈設天廚酣宴歌玄靈之曲、宴罷、王母偕王君省顧盈之二弟、授以靈訣道要、母命上元授固衷四部寶經、母執太霄隱書、命侍女張靈子執交信之盟、授之三君、受訖、王君亦授賜命紫素之册

宋硨非

李方明

固為定錄君衷為保命君亦侍眞惠復告二君曰夫人乃三天眞皇之母上元之高尊統領千萬玉女之籍汝可自陳二君前拜求道夫人憫之命侍女宋硨非出紫錦之囊開綠金之笈以三元流珠之經丹景道精經隱仙八術經大極錄景經凡四部以授王母勑持經李方明出丹瓊之函披雲珠之笈出玉佩金璫經洞飛二景內書傳授畢母與夫人告去赤青王三眞相將而起千乘萬騎衛歸太虛盈綰雙髻披鶴氅衣駕猛虎車令二弟乘黃鶴後隨白日昇天霞光萬道人民皆禮拜瞻仰時元康二年八月己酉日也三仙至金闕朝見上帝帝賜盈紫金如意瑤草芒鞋

侍仙玉郎

火居

國褒各賜太極眞圖一軸、勅其分司三元各轄三天、皆封爲九天司命三茅應化眞君大茅君加封爲太元眞君受紫王之版黃金刻書九錫文命旣登是職當時侍仙玉郎開紫陽玉笈雲錦之囊出九天生神玉章謝恩下殿拜謁在天神聖下界度祖宗父母入茅山建宮殿以居聖父母常言昔日求子之艱今享齊天之福三茅君聞之誓願普濟天下無後之人先有附近土人祈嗣者輒應其後四遠畢至爲建祠廟鼎列於三峯極其靈應凡遇春來拜禱者傾江以南茅君之親戚相聚來投雜居於市野皆不辟穀而火食謂之火居時奉事者甚衆茅君常在帳中與人言

大德

語其出入或發人馬或化白鶴有病者請福煮雞子十枚
納帳中須臾一一擲出還之歸剖視其中黃者病當愈中
有土者不愈每以此爲候大茅君之師王君來遨遊泰山
帝君欵留經宿王君曰吾弟有五子一女五子已娶三媳
女名玉女大仙獨居岱嶽太平頂善諸法術昨聞子能爲
人廣衍宗嗣是合天地玄機願以玉女妻子子意云何茅
君沉吟未對王君笑曰子亦聞天台子喬武夷一子婚媾
之事乎即我兄弟子姪皆有匹偶上聖高眞亦眷屬相聚
而必謂孤修獨處爲道乎茅君不能辭但云還告父母王
君與之俱往茅山父母唯唯聽命訂於八月月盈之夕至

三疏廣

三疏受

十黃霸

泰山完姻至期茅君頂芙蓉冠披凌霄服手執蓮瓣圭腰繫桃光帶乘赤瑛輿而往儀衛極盛結禧之後另居旁丘胥山（胥相也後以女夫爲壻从士非从土也）爲東嶽上卿司命眞君代理大生之案統吳越之神仙綜山源於江左自是往來南北每歲二月二日駕白鶴來家會羣仙於橋上有司名其橋曰會仙具諸事上聞元康三年太子太傅疏廣太子少傅流受各以老疾告退時人謂其見機廣與兄子受深達老子意旨知功成身退之義同日歸鄉散布金帛保其清貴頻川太守黃霸力行教化深得民心鳳凰常集於郡城帝知其持法平衡所致遷爲京兆尹已未春有神雀大如鵲色

神爵

龔仲陽

嵩山少童

金馬

碧雞

王褒

赤斧

有五彩集長樂宮和鳴明年庚申改元神爵帝始幸甘泉郊太乙五畤復幸河東以祠后土頗修武帝故事謹齊祀之禮以方士之言增置神祠有道人龔仲陽者名聖受嵩山少童步六紀之法常遊行海內言益州有金馬碧雞之神其山峯巒秀拔爲諸山之長俯瞰滇池一碧萬頃其神隱現於此如往醮祭可致而獲之帝遣王褒持節往求褒字子淵益州人刺史薦褒有俊才帝悅其邁軼擢諫議大夫至是遣祀入蜀由貲中而進夜有老君使來召爲仙吏明日忽病作卒於道從者還報賜葬於蜀時有巴戎赤斧者生時掌中有赤紋如斧形帝聞其異遂命其復往建祠

五鳳

田李子萇

即以爲金馬碧雞祠主簿使奉祀事壬戌春魏相甍丙吉
爲丞相復以黃霸治潁川癸亥四年鳳凰神爵數集各郡
潁川尤多常集霸堂不去詔使霸爵關內侯徵爲太子太
傅明年甲子改元五鳳會稽太守李子萇深念民瘼欲明
囚情乃以梧櫝爲囚人形鑿地爲陷以蘆爲郭臥木囚於
中囚罪眞木囚不動囚寃木囚動出下車一月民無奸宄
一郡大治召爲京兆尹帝酷好祥瑞合餌丹藥常退朝靜
養專思至道乙丑二年八月閒居鳳儀殿有人乘雲車駕
白鹿從天而下年可三十許色如童子羽衣星冠腰繫青
紫璽芝數枚帝驚問爲誰答曰我中山衛叔卿也　曰是

梁伯

衛度世

朕臣也可前共語叔卿解青芝四本置地頌曰
青芝青芝佩之植之奠定邦國威加四夷白麟歸華黃
龍來淄。
忽不知所在帝始悔悟爲眞仙失於覿面命以青芝植於
殿庭遣梁伯爲使至中山物色蹤尋衛元君後果有叔卿
仙去其子度世尚在梁伯告知其故同還見帝問其父得
仙故度世曰臣父常服雲母導引不交世事委家去已四
十年餘曾云當入居泰華山未知何如帝想歸華之語復
遣梁伯度世同往華山求尋至山輙有火燃下欲上不能
積數十日度世曰豈不欲與他人俱往乎乃齋戒獨上絕

巖火果不發望對嶺石上父與數人博戲紫雲爲蓋白玉
爲床有數仙童執幢節立於傍度世再拜叔卿遂歩
虛涉松稍而至問來何爲度世曰帝甚悔前日倉卒不及
與父言今遣使來願父再往一見叔卿曰前爲太上所遣
誡帝以大災之期及救厄之法而強梁自貴便欲臣我不
足告語是以去耳今將與中黄太乙等眞仙共定天元之
數不復往也度世問父頃與博戲者爲誰叔卿曰許由巢
介之推　王僑　神精　師曠
火低公
父火低公飛黄子王子晉薛容張伶倫也度世曰諸人皆
飛黄子
高輩伶倫何人亦與爲列叔卿叱曰小子無知浪言獲罪
薛容
乃洪厓先生之徒黄帝之臣也服琅玕花得仙爲其能審

甘露

音後遂以爲樂官之名我向寓終南絕頂唯與此輩往來豈下俗所知乎度世深悔失言叔卿曰吾齋室西北隅廡柱下玉函中有神仙素書汝歸取而按方合服一年可乘雲道成早來就我勿復爲漢臣也言畢飛向嶺頭與衆笑語移時皆化白鳥淩空嶺頭鬱鬱生霧度世目斷雲霄悵怏步下梁伯意其必有所得叩頭求教度世見其情行溫實以實告之與歸發柱下得玉函封以飛仙香印中有五色雲母取以合藥同餌之俱得仙道留其方於家世人多有得之者帝聞梁伯等仙去嗟歎累月丙寅春丙吉薨以黃霸爲丞相丁卯秋甘露四降明年改元甘露己巳夏鳳

汝上女子

㊂京房

㊃焦延壽

凰集汝水新蔡、庚午春、河上女子掘塚、得易全書上之、內說卦中下二篇朽壞不可復識、辛未四年、詔諸儒講論五經同異於石渠閣（藏諸秘書之所）、趙人京房、少從河東焦延壽習易、居三載、延壽知其槪、歎曰、得吾道以亡身者、京生也、其說事長於災變、分六十四卦、更值日用事、以風雨寒溫爲候、以占驗、復入荆之五溪天齊山、從河上公學易數年、通其大旨、公謂曰、凡學易者當先審進退存亡之機。今子不求徵理、徒以占候災異爲事、此易之末也。子試退而思之。房乃歸研易理、以錢合三才之理、用之代蓍揲、以見爻、以甲子起卦、分宮定六親、能知吉凶休咎、一日嘗語人曰、卯

梁丘賀

呂年

戚氏

張公

蛇淄龍吾心忪忪時從遊者甚衆帝求得其門人瑯琊梁丘賀故云梁丘易孝友張仲初奉上帝命降生爲趙王如意將以拯化生民爲呂氏虐殺其子母冤蓄宿憤欲思爲率然之相盡吞諸呂以報之而諸呂造業深重死拘幽冥歷年甚久呂雉始再生爲人仍姓呂名年爲西海邛池令邑多呂姓蓋宿業相尋諸呂造業之黨生聚窮荒戚姬亦生於越巂復爲戚氏以前生享福太過此生貧悴之甚所嫁張公夫婦以芟刈爲業一日於野外相語曰生身窮困年暮方衰六十無子將不免於溝壑乃相與割臂出血瀝於石凹中以石覆之拜天而祝曰人皆有子惟我獨無今

七、金蛇

氣血薄少。不能生育。願此石下得生動物。亦遺體也。如意之靈。訪尋呂氏適至於此。識是母氏一念感之從而寓於石下。明日二老復來揭石視之。血化爲蛇。金色寸長。母收養之。踰年頂上出角。腹下生足。能變化。每天欲雨。即起助之。身既長大。腹量寬甚。遇畜類輒食之。邑令呂牟有馬呂產郭身色潔而駿。牧於水際。蹄及金蛇。因嚙吞之。牟訪知張老所育。拘其夫婦於獄。責求妖蛇。不得則見殺。蛇即化儒生。謁之曰。爲馬而殺人。豈令尹之事乎。牟怒叱使退。生復曰君有死氣浮於面。宜修省。無致後悔。語畢隱形不見。咸以爲妖。如意乃奏天稱冤。陳以前世子母慘死。今適逢之。願與之較辭上未報即變化風雷呼吸雲霧白晝而暝一邑之人相視而語曰汝頭何得為魚以手相捫頭面而泣至夕揚海水以為雨灌注城邑圍四十里皆陷後名陷河蛇身載父母而出既報宿怨徙居於梓潼縣北八里七曲山即隱身於巖穴而露尾雪冤始藏贖罪復出

世稱婦翁為泰山咸以有丈人峰也不知茅君壻於東嶽也始見嶽丈之稱固有來歷

天上無懵懂仙人絕頂聰明者俱仙資也若毛褒之得侍老君是矣吾願舉世聰明之士切勿自輕

張惡子 黄龍 元帝 初元 王后 王禁

○○○劉涓子注意蘇林　○○莊伯微頤誠合刊

衆開五丁氏子能徙山驀令引之逆出五丁力窮難拔山忽崩五丁皆化爲石有司奏其異帝命賑恤鄰近被災者時人因張氏所養之蛇謂爲張惡子請立祠祀之其神甚靈惡子父母之墓在東二十里是冬有司復奏淄水有黄龍現帝命衛叔卿京房之言深自感歎壬申春改元黄龍三月帝崩在位二十五年壽四十二葬長安城西太子奭即位是爲元帝明年爲初元立王氏爲后春秋時沙麓山崩齊史蘇卜之曰後六百四十五年當有聖母出於此應運至漢太始中御史王賀字翁孺齊人徙魏郡陰乃委粟里沙麓地賀之子禁生女名政君恰當其時即后也乙

邢陽

王仲都

亥冬十月右扶風太守邢陽上言有道士王仲都者自云遊梁山遇太白眞人授以虹丹服之能禦寒暑居民相傳見之將及二百年顏色常如四十許人元帝召試其術時正隆冬令仲都披單衣乘駟馬車從遊上林苑昆明池環水馳走帝御重裘猶覺寒慄仲都皆上熱氣蒸然明夏當盛暑復召都衣以重綿圍以烈火半日身不流汗口不稱熱怡然笑語自若帝益加敬焉是秋忽不辭而去丁丑春有使臣從蜀郡來言見其在市閒行寄謝天子云即泰人

仲高間遊淮蔡兗齊原多於雍梁駐足將循行吳楚閩越

昨訪太乙路經蒙山晉謁安琴二先生得纔尚書爲伴琴

先生云濮陽蘇子玄乃當世眞異仇太白常亦言及今上既柔仁善諸經史何不遣使誠聘或可致而問也帝命安車玄纁迎聘子玄名林魏郡人本衛靈公之後分支蘇門山因以氏焉秉操卓犖閒節鄉吳子英者名浚有謝槩之志與爲友子英善入水捕魚得赤鯉於淝水持歸畜之池一年長丈餘漸生角翼魚作言曰琴先生所種龍子有緣度以出世英即挺身跨上風雲擁護而去明歲是日來歸仍與妻子同飲食歡笑數日龍復來迎去蘇林知之借居吳家守候至期子英果又歸與林細談四五日辭去其後歲歲如期回家如此七十年妻故子老不復歸吳楚閒因

三尸神

立于英祠焉蘇林棄家負擔至趙時年二十一尋見琴高師之得授煉氣保命之道奉事歲餘高將他適囑令別圖進步林拜辭遊華山仇生與昌容居尸鄉西嶽大明真君聘館於太白爲煉師採藥作丹修合服餌林遇之求其道仇教以胎息還原守魄之法林行之大益仇曰子真人也我跡不足躡乃致林於涓子涓子補職須彌暫歸探望諸友見林歎若平生授以真訣復曰欲作地上真人必先服藥除去三尸殺滅穀虫三尸者一名青姑伐人眼令人目暗面皺口臭齒落二曰白姑伐人五臟令人心耗氣少善忘荒悶三名血尸伐人胃管令人腹輪煩滿骨枯肉焦志意不

開所思不得若不去三尸而服藥穀食雖斷虫猶不死雖
勤吐納亦無益焉故先欲求真者當先服制虫丸一名初
神去本丸欲作仙人當先服制仙丸制仙者太上八瓊飛
精之丹子當急修服之遂傳以方語休曰吾備位大地不
可少離別後林於洞寢室得書一幅是道林者其文曰五
斗三一云是上帝所授今以授子能精思二十年三一始
得相見但見三一長空不滅況復守之乎能守三一名刊
玉札吾餌术養精三百年服氣五百年精思六百年守三
一三百年守洞房六百年守玄丹五百年中間復周遊名
山四嶽休息洞室守形思真共二千八百餘年方得

周義山　黃泰

上補天佑子其最上人林省書流涕奉法精修道成周遊天下分形散影寢息丹陵常賣履市巷以誡世人莫能識也自號長存子後歸家中忽於初元四年三月六日告弟子周義山黃泰曰我昨被玄洲召爲仙伯上領太極中侯大夫當與子別明旦果有雲車羽蓋驂龍駕虎侍從數百人來迎林即登車冉冉而去明年丁丑春漢使來聘已不在矣義山字季通汝陰人勃七世孫爲人沉重喜怒不形好獨坐靜處平旦常面東漱口咽液服氣百數向日再拜如此經年父怪問之遂長跪對曰義山中心好日光長景之暉是以拜禮至月朔旦漫遊市落見窮餓之人即解衣

給食時大儒名士聞其盛德往詣焉輒稱疾不見歲災旱傾財竭家以濟其困對萬物臨如赤子遇陳留黃泰曰君好道陰德流行誠感於我是以相詣吾師蘇子玄授煉身消災之術服氣還神之事吾奉行甚驗曷往師之義山即邀同叩蘇公欣然曰聞子少知香景明漿精髓不泄不復須陰丹內術補胎之益則何由還陽服食衆草諸藥雖得其力然不得九轉神丹金液之道不能飛仙也但可延年益壽爾義山遂拜求長生要訣蘇公曰藥有數種仙有數品有乘雲駕龍白日昇天與太極真人爲友拜爲仙官之主其位可同眞公定元公大生公及中黃大夫九氣丈人

仙都公此皆上仙也或爲仙卿大夫土仙之次也遊行五嶽或造太清役使鬼神中仙也或受封一山總領神鬼或遊翔小有羣集清虛之宮中仙之次也若食穀不死日中無影下仙也或白日尸解死過太陰然後乃仙下仙之次也我受涓子秘要是中仙耳子名上金書當爲眞人我之道非子所學也令以逐虫尸之方守三一之法靈妙小有之書二百事傳子須按次爲之義山再拜受敎退而服蒸木五年身生光澤徹視內見五臟滌去虫尸又服神芝五年目視千里外日行五百里遠近濟人疾苦蘇公將赴召與丙蘭一朱柯芙乾芝謂曰吾道畢矣子可遠索高師也

劉更生義山送師上升遊行名山大澤遇劉更生謂有同門誼
贈陰符經教以明哲保身更生字子政楚元王五世孫初病危有賣
履蘇道人以藥救之并授以仙靈丹故名更生文才博雅
陳永伯好黃老之術聞南陽陳永伯得淮陽王七星散方服二十
陳僧旅一日忽不知其所在永伯有兄子名僧旅年十七亦服之
其父恐或去繫其足閉於密室晝夜守視至二十八日亦
復不見卒方云服之三十日得仙陳氏二人未三十日而
失去後人不敢更服謂仙去必有仙官來迎今但不見人
耳疑為廣方不可用更生求得之并以淮南子枕中鴻寶
秘書詣闕上獻時宣帝初年試之不驗有罪繫獄未幾宣

貳負 堯 窫窳 蕭望之

帝欲預作壽陵於上郡雕陽起工發疏屬山之盤石石室
中得一人徒裸披髮反縛械一足有司奏聞帝問群臣俱
不能對更生使獄吏上言能知召問之對曰少昊時有國
君曰貳負不道與讒臣危謀殺諫臣窫窳窫窳西道弱水
上化成龍首蛇身少昊知之征滅其國戮貳負擒危至其
右足反其兩手與髮合縛繫之山洞木上今所見者是其
尸象非真體也意者以靈怪變化而成之耳毀之立見帝
命取至今人攢擊若樹皮泥屑紛然而解始重更生之淵
博擢為宗正使親王子弟咸就其學帝以疏屬山不祥別
營於長安之西元帝初年蕭望之薦更生為左拾遺戊寅

永光

爲永光元年遭宦戚擅權更生每多抗論而上不報乃下

劉向

名向庚辰三年向言京房深抱異材遇明時不出爲人物之惜帝徵爲侍中待以優禮辛巳六月晦日蝕命占之得

石顯

易之否房曰否者塞也小人道長之象時宦官石顯等專

建昭

權房常以微言諷帝不能用癸未爲建昭元年明年以房爲魏郡太守未幾顯譖房誹謗天子遂棄市臨刑曰房先

竟寧

兩等三四年死耳所著有易林行於後世戊子竟寧元年

成帝

夏五月帝崩壽四十三在位十六年太子驁即位是爲成帝以元舅王鳳

王鳳

爲大司馬大將軍領尚書事封王氏五舅皆爲侯六月黄

建始

霧四塞己丑爲建始元年石顯以罪免歸病死於道帝始

六

許后　上谷永　谷春　河平　安丘望之

於酒色委政外家庚寅二年立許氏爲后壬辰夏雨大雹召直言之士詣白虎殿對策議者多歸咎鳳等谷永獨倚附王氏擢爲光祿大夫永本櫟陽人　其兄谷春少從太白先生學道時爲郎中聞弟阿諛權貴忽自患病死而尸不冷家人棺殮未敢下釘　其後乙未河平三年新豐縣民見春衣緋紅裹青幘坐縣門上邑人驚報其家家人來迎春不肯歸留門上三日去之長安坐横門上知而追之復去之太白山家人發棺檢視有衣無尸乃具奏朝廷立祠於中山上春時來祠中留宿受享安丘望之少恬靜不求仕進號安丘丈人帝歡見不得以其道德深重常師事之望

陳農

天祿齋閣

同祿之獻

似筆而辟

之不以見重為高日益擯退為巫醫於民間著者予章句

此老哀蕭大傅遭官臧諸死而託名者

帝以中省秘書成敗亡使謁者陳

農求遺書於天下遷劉向為光祿大夫同登未央宮天祿

閣校之向以王氏權位太重乃因而書洪範集合歷來符

瑞災異之說著其占驗凡十一篇及洪範五行傳論奏之

帝心知向精忠丙申上元之夕向正秘書閣上夜暗獨坐

有黃衣老人拄青藜杖叩閣而進向閣之老人曰吾乃太

乙精也天地開闢金之子忠誠博學故下觀焉乃吹杖頭

有火焱然作照與向共談開闢以來事先受向洪範之文

乃自出懷中竹牒有天文地圖授之至曙而別自此學問

成公 更退捜羅諸奇作列仙傳三年告成河東一老自隱姓名
常誦經不交世利時人號曰成公公哂曰幸與帝同謚帝
聞之往訪公竟不屈節帝曰朕能富貴人能殺人子何逆
朕公曰陛下能富貴人臣能不受官祿陛下能殺人臣能
陽朔 不犯法帝不能折使郎二人就受政事十二篇陽朔二年
鄭樸 王鳳聞褒中鄭樸字子真甚賢累聘之不應隱於箕山谷口
王舅 自適其志時人高之已亥三年王鳳死王舅之子莽折節
王莽 爲恭儉屬以託太后莽蓋孝元后姪辛丑改元鴻嘉乙巳爲永始
鴻嘉 元年封莽爲新都侯時許后廢立趙飛燕爲后名飛燕凡後
永始 宮有子者皆致之死故有燕啄皇孫之謠劉向欲感后意

趙后　元延　綏和　哀帝　劉歆　南陽公主

序次古今爲列女傳以奏之丁未三年詔罷廿泉太乙五畤忽遇大風拔木帝輿之以問劉向向曰五畤始立皆有神祇感應誠未易動詔復其祀宮中夜雨一蒼鹿帝曰畤神報我己酉元延元年癸丑綏和元年帝無嗣立定陶王欣爲皇太子以王莽爲大司馬時年二十八時蜀之犍爲郡得古磬十六枚於漢水之濱朝臣以爲瑞此六自今至莽篡國凡當此數是冬劉向卒帝深悼之甲寅三月帝崩在位二十六年壽四十五歲太子欣即位是爲哀帝莽薦向子歆爲侍中歆總羣書而奏其七畧敘諸子分爲九流自按圖讖乃更名秀南陽公主成帝長女也下嫁莽從弟咸公主知莽必亂漢謂咸曰王氏日盛

王戚

莊伯微

必有一番吞併我二人當入山避嫌修道作世外無拘夫婦不亦美乎戚辭以不能公主聞西嶽多仙眞靈聖遂棄繁華自往結廬以居修持歲餘精思丹道即有谷眞人過此見其誠篤引上太白拜見仇先生傳以飛步冲舉之法未幾有崑崙使者莊伯微領乘輿墜伏言奉西母命召入瑶池授職公主脫履登車侍從簇擁乘雲而去上人奔告王戚戚至升層領四望漠然無影惟崖上見所遺朱履一雙俯身欲取已化爲石戚歎息而歸後名其峯公主峰潘安仁爲之作賦

伯微者鄧西人也好道而不知求道之方惟以日入時向西北正坐閉目握固存想崑崙積三十年乃見

一女眞自稱崑崙山人憐汝苦志多年故來度汝因汝長於貧賤未爲奇異若生於富貴者特起出世之想捨甘就苦去炎願涼其功尤倍今傳汝以金液丹方合服之便可得道山人既去伯徵思念同鄉范幼冲元帝時曾爲尚書郎善解地理少遇嵩山宋君授太素胎化易形秘道其法約其事驗幼冲行之十年身有三色之氣家積黃金朱砂爲修丹之用伯徵投之密泄其故幼冲欣然出金砂同煉一年丹成服之皆得飛昇彼同有是心兼金可斷此之謂絜矩要道堪推

歷觀爲君之好道皆好戲術耳如元帝之於仲都既試

其能而不求其道招之何益追其去而復迎聘蘇林神仙豈玩具耶

琴高仇生仙之散逸者也然毫無自滿之意致蘇林於涓子使學眞道豈二仙猶未眞耶特鄭重其辭令學者尊崇道德耳

太乙燃藜天祿而列仙傳作此有關於仙者也若其諸事錄入特取忠貞耳須知仙者眞也忠者正也眞與正無二也凡集中無仙處所載皆然

伯微存想崑崙而崑崙山人即至授以金液丹方可見道不遠人崑崙甚近還丹不必外求也

劉根

新刻六直汪舜儀評訂神仙鑑二集卷之九

林屋玦樓秘本

江夏明陽宣史徐衜述
汝南清眞學究姑李理贊

○○張府君悞觸劉根　○○唐公昉眞僊八百

伯徵奔至崑崙拜謝並母即令往迎公主使知棄富貴而入道之易也幼冲因想在京時有一知心門人姓劉名根字君安常欲棄世學道何不約以爲伴乃往見根根即負笈相從幼冲分丹與服行謁宋君各授以上眞秘訣曰此高元太素內景之法也留居高山後除幼冲中嶽必登上監羣仙皆呼爲苑監根辭去先入華山遊學見一神人乘

高雅

王珍

由鹿秦臣從玉女十餘人、根稽首乞示、神人曰、汝聞秦時
韓終否、根伏地曰、聞之、神曰、即我是也、因子虛心好道、今
以玉冊與子、在鹿上擲下、根仰而接、俯而拜、神忽不見、開
視玉冊、內皆驅神馭鬼、救災治病之法、根藏之、尉後南遊
吳楚、丹熟於羅浮、冬夏裸裎、不畏寒暑、遍身毛長一二寸、
自稱曰毛公、結壇於會稽洞庭山左、用術濟人、以藥治病、
遠近賴之、洞庭山有毛公壇有井歲旱不涸壇邊有洞眞宮、駐此山三百餘歲有弟子七十二人、王
莽慕其名、頻使人來請、根不往、後潁川太守高雅遣
府掾王珍求除疫之術、根曰、但於太歲宮上掘地深三尺、
以沙著其中、酒沃之則已、珍還報、府君依言行之、疫氣尋

張史祈

絕雅饒金致謝根悉散吳中貧人後張史祈來守潁川[illegible]
之以根為妖遣吏召之欲加刑戮根欣然而至時賓客滿
座持刀杖繩索而立者數十人根顏不怍旁若無人史祈
厲聲曰汝有何道術根曰唯唯史祈曰能召鬼乎曰能曰
能即捉鬼到廳前不爾當戮汝根曰甚易借筆硯書符及
奏按鎗鎗然作銅鐵聲又有長嘯聲非常清越聞者莫不
肅然須臾廳上南壁忽開數丈赤衣兵數百人齎刀劍將
一車直從壞壁中入來壁復如故赤衣使從車上披見下
有二囚一老翁一老嫗大繩反縛懸頭廳前史祈熟視乃
自取罪矣
已亡父母也史祈驚愕流涕不知所措鬼責曰在生時致

建平 李尋 王嘉 董賢 鮑宣 桓少

官未達不得汝綠養我死汝何爲犯罪仙官使我被收罷
父母如此安用子爲吏祈下階叩頭向根伏罪受死請赦
先人根敕兵卒將二囚出南壁即開及去盡壁仍不壞根
亦不見未幾張守死帝以巳郊爲建平元年丙辰殿中忽
大聲如鐘鳴黄門侍郎李尋曰此洪範所謂鐘妖也人君
不聽爲衆所惑空名得進則有聲無形丁未三年以王嘉
爲丞相嘉雖王氏素性剛直戊午四年侍中董賢和柔便
佞得幸於帝出則驂乘入御左右諫大夫鮑宣上書言之
帝以宣名儒優詔答之宣字子都渤海高城人嘗就桓氏學奇宣清
苦以女少君妻之裝送甚厚女悉屏去更布衣與宣共挽

元壽

嘉似中層

董似偃

孔光

鹿車歸里拜姑畢即提甕出汲恭修婦道宣作上計途遇
一生卒得心疾死有素書一卷銀十餅以一餅爲治殯殮
餘納柩中埋之乘其驄馬以去夜宿關內侯家侯出見馬
驚問宣陳其故侯曰吾兒也迎喪還開柩驗之銀書俱在
始敬宣誠信以書馬贈之乃薦辟公府己未元壽元年帝
益封董賢二千户王嘉封還詔書詔嘉詣廷尉不食嘔血
死以孔光爲丞相光常下車拜賢鮑宣爲司隸校尉每責
先以禮帝以摧辱丞相議當下獄諸生舉幡太學下會千
人守闕上書竟髡鉗徙之上黨宣遂家焉課子弄孫自樂
伏眞庚申二年帝病不親政事皆決於莽六月帝崩在位六年

平帝

元始

龔勝

邴漢

梅福

袁氏

壽二十五無子太皇太后（即孝元皇后）議迎中山王衎即位是爲（平帝）時
年九歲莽秉政辛酉春爲元始元年南蠻來獻白雉一黑
雉二（莽招南蠻僞爲越裳氏來獻）羣臣盛稱莽功德詔賜爲安漢公壬
戌春黃龍遊於越雋郡江中咸以莽德比周公莽遂宗鬼
神淫祀大夫龔勝邴漢皆乞骸骨歸南昌尉梅福（字子眞）自
成帝委任王鳳上書極諫不報遂淡於祿位每政暇時至
南昌西山嶺上養性存眞遇天台王子喬相與劇談玄理
臨去謂曰子自有上眞爲師當敬求之永始間又上書請
收咸柄亦不報棄官携家隱於建城山中（後曰尉山）復遊於新
淦玉笥深奇玩勝妻袁氏長子勉次子勵季女貞兒配於

梅逸

蒟勵

貞兒

嚴光

嚴光一本姓莊避明帝諱改嚴字子陵小字狂奴 祖籍餘姚、移居新野、南召右空山洞內具石床、石硯、飛泉時滴硯上、世傳光居處 不與世俗爲伍。高尚其志。福因妻以女福知莽必傾漢祚、歎曰、生爲我酷。形爲我毒。身爲我桎梏。一朝棄妻子而去、先遊五嶺、至大庾、其上多梅、心愛之、居年餘、歷九江、至會稽、居盤門、變姓名爲吳門市卒、後有人識之、遂去其居處爲梅隱菴 遍遊鴈蕩、南閩諸山、至仙霞山、遇一老人跨青牛、自稱空同仙君、授以內外丹法。北入鷄籠山、金陵覆舟山之右一名雞鳴 依法修煉、三年不成、復入劍江西嶺、仍遇仙君、自雲中謂曰、汝之緣在飛鴻山、福未知何所尋、遍東南、正欲返遊西北、至候官地、譽山之前溪中小嶼羣

陳生

鴈棲宿其上見福至皆飛鳴而起福悟曰此飛鴻也遂結庵於此安爐起煉山下有善笛者陳生願拜爲徒作伴福趺坐守爐三年乃成服之頓覺身輕神旺餘丹寘之壺中陳生每竊食梅仙拔劍逐之生逃入嶼中石洞其嶼遇水汎時未嘗沉没因名浮石洞每至風月之夜漁舟泊者聞笛聲隱隱自水中起福回壽春憩息龍舒山洞（舒城有梅仙洞天）台王君來坐紫微山金庭洞中官吏三百餘人遣招福往會慶賀丹成共酌杏花泉而飲玉童拍石而歌王君曰我不日將遊戲塵寰交接人事矣梅仙誌之盤桓終日而去（巢縣金庭山有王喬洞仙人手迹）福往越陳以成丹少許雜和諸藥中貴

浮海禱補阤羅迦西山有菴井存焉故名梅岑

玄秀

逢萌

施救病服者輙愈就醫者如市紹興梅市有歲餘回建城家中與妻孥相會居數月旁遊華林山頂有一人建築壇場向北誠心禮斗福立俟其畢問之其人曰我西王母第九子玄秀在此尋度有緣子有道氣何不學之福即拜從日夜隨其拜斗朝眞一日雲中仙樂紛紛金童玉女捧詔控鸞而下有仙吏讀詔言東華帝君知子忠貞向道誠篤且老君高弟特迎回滄海授職凌霄眞人速往無怠福拜詔受命與玄秀各乘青鸞投方諸去建寧城東有驂鸞渡大夫逢萌字子慶北海人見時事日非慕梅福高蹈欲追其踪元始三年莽殺不附己者鮑宣亦與其難萌歎曰三綱絕矣不去禍將及身

五

婢

孺子嬰

西漢得於嬰失於嬰

新国 居攝

唐公昉

挂冠東都門將家屬浮海隱於遼東勞山乙丑夏策命加莽九錫臘日莽上椒酒置毒帝飲之而崩宣帝玄孫嬰二年歲莽利其幼託以卜相最吉立之號孺子羣臣請莽踐祚丙寅爲居攝元年莽稱假皇帝依周書作大誥告諭天下時漢中郡吏唐公昉（城固）人見誥大笑曰擁耳盜鈴粉飾不久也遂退隱於家素慕道眞功若不遇明師李八百累欲度之一旦至其家爲傭賃者驅使如意公昉甚愛之八百乃僞爲病困欲死昉即迎醫合藥費數十萬錢不以爲損憂形於色又轉作惡瘡偏體膿血臭不可近昉爲之流涕八百曰吾瘡須人舐之當可昉乃使三婢又曰婢舐不愈

公昉妻

以極難事、試其夫婦、全家一心、若是世間絕無、

始初

新莽始建國

須君自舐之、昉即舐、復言無益、若得君婦舐之當差、昉復令妻舐之、八百曰、吾瘡欲差、得三十斛美酒浴之、遂具酒、著大器中、起入浴、體如凝脂、絕無餘痕、乃告曰、吾仙人也、子有志、故此相試、子眞可教、今當度世、使其夫妻及三婢皆於所浴酒中澡洗、即得更少、顏色美悅、以丹經一卷授之、令入雲臺山作丹、丹成服之、八百忽至曰、此地不可居棲、且深隱蜀中、俟漢中興始出遊也、公昉遂舉家飛昇、興元有斗山觀、自平州聳起一山、四面懸絕、其上方如斗底、薛蘿松檜景象尤奇、下有公昉飲仙酒拔宅之迹、其基三畝許、陷爲坑焉、

戊辰三年、莽以威德日盛、即眞皇帝位、國號新建

元始初、莽遣使奉璽書往迎龔勝、勝稱病篤、使以印綬加

六

◎彭城老父

莽之四皓耶

◎薛方

吳羌

新莽天鳳

樊崇

劉蔡

其身腐敗推去不語不飲積四十日而卒彭城老父年九十餘修道不治名利痛勝以名致禍乃獨入哭甚悲既而曰嗟乎薰以香自燒膏以明自銷龔先生竟夭天年非吾徒也哭畢趨出衆莫知其誰漢世知名之士如絕遼郇相唐林唐遵皆仕莽爲莽太子爲之四友復以安車迎薛方方謝曰堯舜在上下有巢由莽悅其言乃不强之聞餘不鄉有高士吳羌聘之羌避爲程山中有吳羌山甲戌改元天鳳△莽徭役不息民廢耕桑旱蝗薦至於是並起爲盜戊寅瑯琊樊崇衆至萬餘皆赤其眉侵掠州郡官吏告急莽適以劉蔡事散捕餘黨辭連楊雄字子雲成都人其父禹巫山生雄相者謂

一楊雄

維嘗晝夢口吐白鳳文思大進

嚴遵

尚長

一本姓向

一王邑

雄鍾十二峯之秀口吃而沉博家貧耆酒慕胡安之學往廬於白鶴山下追想其風一日有老人乘鶴而下稱是胡安維遂拜而師之嘗降廬講究易理三年學成安囑曰能達否泰之義實進退之機也子歸成都有卜者嚴君平即舜時嚴僊當世異人也叩之必有所聞雄謝歸君平名遵臨邛人與唐都洛下閎尚長同師鬼谷唐洛學算術尚學推命嚴學卜易嚴尚更為交密長字子平朝歌人尚於疊性尚中和好通老易家貧無資食爲人推步好事者毎更饋餽苟取自足而反其餘莽大同馬王邑辟之連年乃至欲薦之於莽固辭乃止潛隱於家讀易至損益卦喟然歎曰吾已知富不

如貧貴不如賤但未知死何如生耳君平賣卜於成都與人子言依于孝與人弟言依于順與人臣言依于忠日閱數人得百錢足以自養則閉肆垂簾讀易詳究老子微旨著道德指歸行世富人羅冲卜問家事言其有火災宜速避之冲依言遷徙貨財於外其夜果災冲因酬以車馬衣糧并問何以不仕君平却之曰不仕吾病也非不足也益我貨者損我神生我名者殺我身且我有餘而子不足奚為餽我冲與其言君平曰子許籌握算晚夜勞瘁我日入而息高舂而起不下牀而錢自至衣食之外尚有羸餘數百錢塵埃厚寸不知所用由此觀之不亦然乎冲慙服有

人居海上每年八月見浮槎來不違時乃齎一年糧乘之到一處見婦人織丈夫牽牛飲渚次問此何處婦以一石遺之曰爾特歸問嚴君平其人復乘槎歸至肆問之君平評曰此織女支機石也曩觀天象客星犯牛斗非汝耶君平有友段翳字元章治易明風角觀四隅之風而占之也來就學者預知其姓名一生學未成欲辭歸翳合藥并簡書封而與之告曰有急發視生行至葭萌與津吏爭渡撾從者頭破發簡視之乃爭鬬時日并膏藥金瘡藥也敷貼即愈生歎服還就卒業楊雄自白鶴山歸將先謁翳聞翳無疾化去訪見君平即從之遊君平曰遊心於虛靜結志於微妙委駕

李強

一楊烏

二范逡

口桓譚

侯芭

於無欲指歸於無爲故能延命與道爲久雄歎曰先生風聲足以矯貪勵俗近古之逸也屢稱其德益州牧李強曰得其爲從事足矣雄曰可備禮與相見不可屈也果不得一見主鳳請與之交亦不許陽湖初有客薦雄三世不徙官乃莽轉爲大夫次子烏稱神童九歲而夭於是雄恬於世利好古樂道欲以文章成名於後世乃作太玄法言用心於內不求於外人皆忽之惟劉歆范逡敬焉桓譚以爲絶倫劉棻嘗從學及棻坐事誅時雄校書天祿閣夢內挂車上聞捕至懼誅從閣自投下幾死莽因雄不知情免其罪未幾遂卒鉅鹿侯芭雄授太玄經芭親負土作墳號玄

新莽 地皇 劉買 劉外 劉回 劉欽 樊氏 劉縯 劉仲 劉秀 蘇伯阿 蔡長儒 蔡母 樊也 無極 西門専

塚安陵坂上新莽以庚辰為地皇元年初景帝長子長沙定王
發生買買生外外生回回生欽欽妻樊氏生長縯次仲次秀
秀生時南頓有嘉禾一莖九穗故名字文叔隆準日角燕頷
鳳目性勤稼穡望氣者蘇伯阿見春陵城歎曰氣佳哉鬱
鬱葱葱然讖人蔡長孺字以公暮年無子婦善不衰得倉公
之傳夫妻共服十精九體氣充盈年九十始生一男名慶
世後至一百五十歲復生一男名無極少公年近三百視
之如少童有圖讖之學秀過問之不言姓字少公曰水
起真人劉秀為天子或曰是國師公劉秀乎秀曰何由知
非僕耶坐者皆大笑又聞犁丘道士西門惠能知未來事

第十節 九

往詢之東漢中興西門先見、
劉根既受宋君眞訣、又得韓終玉册、道法俱高何物府君敢加凌辱至欲捉鬼而即拘其父母之魂劉仙亦可畏哉、
王氏擅權潔身而去者、南陽公主始之谷春梅福繼之○皆已得仙○獨惜乎鄭子眞隱於箕山谷口不知曾爲許由引去否、
楊子雲以吐鳳奇才師事胡安嚴遵○即不能求出世之道亦何至戀戀微祿○以自壞其品雖有太玄法言何足取重○

李守　方儲　方回　李通　李軼　劉玄　更始

○嚴子陵高尙光武　○○○　瑪利亞貞產耶穌
西門惠曰、明公恢廓大度、才明雄畧、與高祖同、吾今知莽
將敗、劉復興矣、自此秀意始決、宛人李守者、好星曆讖記、
嘗師太常卿方儲、儲得五柞方回玄妙之旨、預知黑風雨
雹災異、有赤水湖讖行世、守謹事得其術、所占皆驗、謂子
通曰、劉氏當興、李氏爲輔、及荊州兵起、南陽騷動、通從
弟軼迎秀、相約定謀、秀勸兄縯、即於舂陵白水村舉兵、舊名
錢村、莽改貨錢曰泉、取通流之義、故泉曰白水、癸未正月、漢兵十餘萬、謀立劉氏、
將帥憚縯威明、乃立劉玄爲帝、長沙王後、爲更始元年、新莽遣
兵進圍昆陽、劉秀發諸部、乘銳崩之、莽兵大敗、海內翕然

第十一節　一

岑彭　朱鮪　隗囂　王涉　惑讖以致死　漢新報復　王昌　因占以取滅

響應皆殺牧守以待岑彭舉宛城降迎更始入都李軼朱鮪勸誅劉縯秀至宛謝罪更始自慙拜為破虜大將軍令進攻三輔成紀隗囂起兵應漢開武關迎入是秋莽將軍王涉夜有稱西門道士君惠請見曰讖文劉氏當復興國師公姓名是也涉遂與劉秀等謀劫莽降漢事泄皆自殺莽以外破內叛憂懣不能寢食九月漢兵從宣平門入莽走宣室避火至漸臺臺建水中衆上臺斬莽傳首詣宛更始都洛陽秀為大司馬持節渡河鎮慰秀除莽苛政吏民大悅長安卜者王郎名昌常占河北有天子氣詐稱成帝子輿衆立為帝入據邯鄲甲申春秀率衆至滹沱河使王霸覘之

十王霸
蕭王
丁銅馬
乙烏桓
十賈復
十五校
乙彊華

霸還詭言氷合可渡至則果合既渡輒解會兵夜邯鄲郎
出走王霸追斬之更始立秀為蕭王進擊銅馬賊助鉅鹿
羣盜悉降（鐵脛尤來大槍山江青犢富平獲索等）乙酉春餘賊散入烏桓界
（繼匈奴而與北盡沙漠）賈復與五校賊戰深入被搶腸撤於外歸營
悶絕適草澤醫來納腸入腹以油桑線縫之出一丹灌之
遂甦贈以金帛醫曰吾陽鳳公也憐賈君忠勇故救之飄
然而去蕭王還至鄗（薊州高邑縣）偕同舍儒生彊華自關中奉
赤伏符來詣王所王覽符內畧云（赤火德伏藏也讖記曰符）
劉秀發兵捕不道四夷雲集龍鬭野四七之際火為主
王問符何來華曰五柞山有隱士方回云堯時曾聘為閭

二

[illegible]之難

東漢世祖光武

郭后

建武

鄧禹

[illegible]居陵君復為客、士能知世運興衰、常餌食雲母粉、與病者服之即愈、時人知其有道、書得回一丸泥塗於門、盜終不能開、回曾為人劫置空室閉之、回化身去、反以泥封其戶、以方回印印之、累月繫閉、及開已不見、人仍在臣往從之、乃以此符令呈上、言王起兵之歲及成功之將、皆應四七之數、王當為天下主也、羣臣因復請、王始許之、六月、即位於鄗南、世祖光武皇帝、立郭氏為后、建元建武、大赦、鄧禹為大司徒、封酇侯、比於蕭何、年二十四、符中有王梁主衛作玄武之句、以野王令王梁為大司空、後刻期而遊吳漢為大司馬、百官陞賞有差、十月、帝入洛陽、遂定都焉、是曰東漢、帝以火德忌水、洛字水傍去水

○王梁
十吳漢
口劉盆子
十馮異
口劉永
口張步
口張豐
己彭寵
四鮑永
四苟諫
英朱
口公孫述
四馬援
十班彪

加佳作雒赤眉立劉盆子暴亂三輔丁亥攻殺更始帝遣馮異
鄧禹破之奉傳國璽降劉永張步張豐彭寵連兵反漢帝
遣鮑永將兵助異字君長宣之子初莽欲滅其後太守苟諫曲為
保全永事後母至孝及更始兵敗歸帝有功封中陽侯戊
子四年帝擒張豐初豐好方術有道士英朱言豐當為天
子以五綵囊裹石繫其肘云石中有玉璽豐素有妄念信
之遂反既被擒臨斬猶曰肘石有璽傍人為之解下椎破
之仍石也豐始知彼詐仰天曰當死無恨公孫述稱帝於
成都隗囂歸保天水以馬援班彪為賓客使援觀述歸言
述不足道復使至雒援見帝歎曰帝王自有真也己丑賢

竇融 龍丘萇 任延 周黨 王良 王成 禽慶

欲自立班彪著王命論諷之不聽彪避地河西勸竇融專
意事漢會稽龍丘萇者莽累辟不就至是吏白都尉任延
萇因言嚴光之賢延即聘至待以師禮欲薦於朝光忽與
妻孥避去是秋詔徵處士太原周黨會稽嚴光東海王良
山陽王成等使者三聘黨乃就車及陛見帝庭伏而不謁
自陳願守所志賜帛四十疋罷之良成受職郡守復徵尚
長長著子平推算書行世時男女娶嫁既畢勑斷家事勿
相關當如我死也遂肆意與北海禽慶俱遊五嶽名山慶
亦沉默多識有方外志竟不知其終嚴光少與帝同遊學
及即位變姓名隱逝帝令郡縣物色訪之齊國上言有一

隗純

男子披羊裘釣澤中帝疑是光備安車玄纁使三反而後
至車駕即日幸其館光卧不起帝撫其腹曰咄咄子陵不
可相助爲理耶○光眠不應良久張目熟視曰昔堯著德巢
父洗耳士固有志何相迫乎○帝曰我竟不能下汝耶升輿
歎息而去復引光入內論道故舊相對累日因共偃卧光
以足加帝腹上明日太史奏客星犯御座甚急帝笑曰朕
與故人共卧耳拜光諫議大夫不受而去耕釣於富春山
嚴州桐廬縣西清麗奇絕號錦屏繡嶺其常與龍丘萇往
隱釣處前臨大江上有二釣臺爲嚴陵瀨
來遊賜後爲梅福引去時諸寇皆滅獨成都天水未下壬
辰囂帝征隗囂囂奔避西城癸巳囂卒子純立明年冬

朱遵　瑪利亞　嘉俾阨爾　罷德肋　耶穌

純[illegible][illegible]右惡平、丙申吳漢攻成都公孫述戰死、蜀地盡平、初述僭號、功曹朱遵起兵與述戰敗至新津爲絆馬倒地、以手摸頭始知無首仆卧不起至是追贈輔漢將軍士人爲立祠號健兒廟後改勇士廟是冬羌人入寇馬援大破之遠西國人云去中國九萬七千里經三載始抵西羌界、彼國初有童貞瑪利亞於辛酉歲（實漢元始元年）天神嘉俾阨爾恭報天主特選爾爲母已而果孕降生母極喜敬裹以常衣置於馬槽羣天神奏樂於空後四十日母抱獻於聖師罷德肋取名耶穌方十二齡隨母往謁聖殿歸時相失母心痛苦三日夜後覓至殿中見耶穌上座與耆年博學之

如德亞　茹答斯　亞納斯　比剌多

士講論天主事理見母忻喜同歸孝敬事奉至三十三
母師遊行如德亞傳教淑人所行聖蹟甚多其國中[illegible][illegible]
及在位者極傲惡嫉其衆歸附謀欲殺之耶穌十二徒中
名茹答斯者素有貪行揣知本國衆意因以攫利夜深引
衆捕縛送於亞納斯在比剌多衙內褫衣繫石柱鞭五千
四百有奇全體剥傷默不置辨如羔羊惡黨以棘刺冠箍
於其額以絳敝袍披其身偽拜如王造一重大十字架逼
令肩荷一路壓跌難堪被釘手足於架上渴以醋膽終命
時天昏地震石相觸碎時年三十三死後三日復活身極
光美先見母以解憂四十日後將欲升天面諭宗徒百二

西洋古里國　默德那國　曰謨罕驀德　天方國　西河女

十人分行天下訓誨與領聖水洗罪入教論畢古聖羣從
隨蹐天國後十日天神降臨迎母升舉立於九品之上爲
天地之母皇世人之主保徒衆分巡化教由西洋古里北
至默德那國即回回祖國國王謨罕驀德生而神靈有藏經凡
三十藏共三千六百卷悉言天象宗徒訪之其風土與所
教小異俗禀殺非同類殺者不食不食犬豕徒衆復往卯
馬援乞挈入中土援曰爾教惟言天道乃可餘不足法且
留於此衆遂至天方國古筠冲地一名西域四時皆春居民樂業以
馬乳拌飯用回回曆與中國曆前後差三日帝召援回都河西實融入朝
以爲冀州牧初班彪客於河西遊於城東見一少女色如

老翁

◎伯山甫

◎鮑昱

嬰兒笞一老翁頂白如雪跪而受杖怪問之女子曰此是妾兒也昔妾舅伯山甫雍州人入華山學道精思服食時還鄉里省親見我多病憩與神藥妾受服之漸復少壯舅氏今已二百餘歲容狀益少此兒年甫七十不肯服藥以致衰老行不及妾故杖之耳彪問女年幾許答曰年一百十三今將入華山尋舅氏也彪請其方女慨然不吝即口授之△即名打老兒丸○其後此方行世適召彪拜爲徐令未幾免歸著西漢書彪功名心重故遇而不合服也丁酉十三年帝以李通首事封固始侯詔諸王皆降爲公侯戊戌十四年鮑永卒子昱亦爲司隸所乘一驄馬三世皆然都人歌之宜得馬之効○辛丑秋

陰后　太子彊　◎東海隱者　龍述

廢郭后立陰貴人爲皇后太子彊辭位奉母立東海公陽生陰后爲皇太子改名莊是年復特徵嚴光已不知其所在王良歷任司直在位恭儉復徵至滎陽過訪其友東海隱者距不肯見曰不有忠言奇謀而取大位何徃來屑屑不憚煩也良慙自後連徵不應壬寅歲南方交阯反帝拜馬援爲伏波將軍進征大破南兵封新息侯戊申秋武陵蠻寇臨沅援請行已酉夏擊破蠻兵進至壺頭忽疾瘞而卒援前在交阯零陵太守龍述字伯高京兆人敦厚周慎願隨軍南征於日南郡之南金山上遇道人沈文淵賜神芝實如梧桐子乃治而服之日餌一刀圭服二年得尸解去述嘗曰

梁松

◎屈處靜

蔡陽生

南方瘴癘須服薏苡以勝之援遂餌之還軍載以一車梁
松譖援所載皆明珠文犀帝信而怒援妻孥惶懼不敢以大功
安在喪還庚戌冬帝作壽陵即原陵甲寅三十年車駕東巡羣臣
上言宜封禪帝不允乙夘秋有祁陽屈處靜來獻圖符處
靜楚白公勝之後曾爲巴郡拱縣令入江州山中潛修悟
道絕跡人表聞少室西金門山有蔡陽生嵯岈蔡眞人改號服金
曜漿得道處靜師之初學導引服食之術繼受還丹大道
凡二十年道成一旦駕鶴翔空入赤城宮得河圖會昌符
知漢帝信圖讖故來獻之帝視其文中有赤劉之九會命
岱宗帝感此文詔梁松等按索河洛讖文奏言九世當封

張純

中元

李躬

趙瞿

禪者三十六事於是張純等復奏請封禪帝始許之丙辰春東巡封泰山禪梁陰以璽親封玉牒檢而回京師醴泉湧出又有赤草生於水涯郡國頻上甘露錫山不復産錫是歲改元中元丁巳二年帝因政事勞神形容尫羸太史李躬曰上黨有趙瞿者相傳在人間三百餘年常如童子之色必有所得可問其延壽之術即降詔往問瞿字子榮呂后臨朝時人也中年染癩垂死或告其家當及生棄之若死於家則世世傳染家人惶惑爲作一年糧送置山中恐虎狼害之從外以木爲柴瞿悲傷自恨啼泣百餘日夜中忽見石室前有三人問瞿何故瞿度深山窮谷非人夜

行之處必是神人乃叩頭哀乞自陳所以原是張湛朱英劉京相與常遊北方適見起憐直入若中有如雲氣了無所礙問曰必欲病愈能服藥否瞿曰無狀多罪嬰此惡疾王親見棄死在旦夕感蒙哀救服藥豈不能哉三仙遂以松子及松栢脂各五升賜之曰此不特愈病當長生耳服半可愈愈後勿棄言畢歩空而去瞿服之未盡病果愈乃歸家家人謂是鬼物具說其故始信而喜更服餘藥肌膚光澤走如飛鳥年七十餘食雉兎皆嚼筋骨能負重不知疲倦年百六十夜見屋間有光如鏡問左右皆云不見後一室盡明可夜讀書更有二美女時鼓琴瑟於側懽然自

樂、獨處一室、家人世世奉之、稱為仙祖、及使命至、閉目經日不語、使者再拜啟問、瞿曰、子聞太子嘗以帝有禹湯之明、而失黃老之福、不能順養精神、優游自寧、斯言信然、其能尊禮遺逸、善保功臣、高祖所不及也、然其廢后易儲有玷中興之美、今壽過中子、享國一世、餘亦已足矣、復何所求、使者勸上、徹車再三、不允、只得復命、帝點頭歎息、至二

顯宗明帝

月、帝崩、年六十二、在位三十三年、葬原陵、太子莊即位、是為明帝、明年建元永

永平

平、

東平王蒼

東平王蒼、陰后生、以四方晏然、宜修禮樂、與公卿共議、定制度、上聞、帝深然之、已來春正幸辟雍、初行大射禮、養老

桓榮

禮、以李躬為三老、桓榮為五更、老知三才、更知五行、庚申三年、立馬

此一作史

馬后

◎鍾離意

孔訢

張伯

璽毋璽乎

貴人爲后帝知后父援受誣令迎葬於扶風帝思中興功臣乃圖二十八人之像於南宮雲臺時大起建北宮天方旱祈雨雲場尚書僕射鍾離意字子阿山陰人免冠上疏帝即罷役應時澍雨建武中遷意爲魯王相嘗出私錢萬三千付戶曹孔訢修夫子廟張伯除堂下草得璧七枚懷其一以六枚白意堂下有懸甕意問訢答曰夫子甕也背有丹書莫敢發意啟視其文曰

後世　吾書董仲舒護吾車拭吾履發吾笥會稽鍾離意璧有七張伯懷其一

意問張伯乃服焉後招爲僕射帝性偏好察公卿踈慄意

九

◎鍾[illegible]在有遺[illegible]離意之第五倫出守會稽意誚之曰

鄭弘

吾鄉有鄭弘、安貧好學。力作奉親。公辱臨、可舉用之。孝行是尚、忠心必誠、

中興南陽、自素穆時已伏其機矣、得雄者王、此時方慮凡當興之主、自有從龍之彥、如賈鄧輩是也、仙眞亦必來相默救護、

光武微時、子陵與之爲友、及即位、而隱姓避去。其高風直與舜之七友、媲美千古、憶子陵之後、繼迹者誰歟。

此節以鍾離意第五倫集既鄭弘渡入天台諸事、文勢錯落、筆花爛熳、作者似經太乙吹藜照過、

樵貺

○○○入天台劉阮奇逢　○○○見金人漢明異感

鄭弘字巨君少孤師同郡焦貺夜往受經哲讀朝則入山採薪供母爲無力擔負每蕩一小艇泊溪邊樵薪裝於舟入市易粟一日得矢於山徑頃之有一人提弓聲若從弘覓矢弘即高擎奉還其人問曰子有所欲否弘戲曰予無所欲惟苦若耶溪載薪不易得朝南風暮北風乃便我樵耳其人遂去自後來去果有順風送舟朝南暮北始知是異人天台王君第四子行奉母命向會稽射取嶺頭玉芝出陶宴嶺偶遺矢來尋見弘孝謹故囑山神賜以往來順風初王晤與狀貌致移諫矣當有此異因謀順稱行政揚與二故

西陵子都

大有元君

曰麗英霄貞王君分居於對影桐栢山山有九峰九子各居一峰毋常從華頂峰來會所會之峯曰天姥新莽時王君欲遊行人間爲南陽有天子氣以長子梁應讖作輔衛辭父璽王一往探之太玄自號西陵子都別居東南委羽山設教初劉京至越獨居永寧山中靜養數年道成控鶴冲舉鶴忽墮羽於此故名委羽其山之石無論大小百碎俱方正不斜子都所居曰大有宮衆稱爲大有元君未幾楚人司馬季主趙人鮑叔陽爲尋張朱劉三人來宮投拜爲師元君援以金石精光藏景化形之道令自修省謂鮑生根尚淺須轉世再修方成正果叔陽立地尸解以求來世元君

室人

法涓

濟華

王褒

西梁子文

公葬於山陰、季主勤修七年道成顏如少童鬚長三尺其
黑如漆欲別去三子稱六子易適來省母願與季主同遊
元君許之教其立功行世、季主北遊五六年西入蜀居青
城山老人村飲其水故壽復娶室經營三載生子曰法涓
女曰濟華俱記其生母教之讀易三十九年自來度汝遂
尸解而去王易至范陽投為安國侯王陵七世孫名褒字
子登少即好道入華山靜悟九年一夕夜半忽聞林澤間
有人馬簫鼓聲漸近望見千乘萬騎浮空而降神人乘雲
車手把虎符停車呼褒曰吾太極眞人西梁子文也聞子
慕道故來語子子名登上清但注心四景勤慕上業道自

南極丈人 西域眞人 太上丈人 小有天王

成也裒後隱洛陽山中南極丈人西域眞人來授以太上寶文大洞眞經攜裒至玄洲見四面大海懸濤千丈洲上宮闕樓觀悉瓊瑤謂此太上丈人之處引入紫極宮見丈人身著流霞之袍冠芙蓉之冠侍女數百丈人謂西域曰子登既遇良師將得之矣乃授以太清隱書龍文八靈眞經二卷碧雲陽水晨飛丹腴二升裒拜服之遂通大道上帝賜以飛飈之車遍歷羣眞洞府玉晨帝君賜以寶芝裒茹之即身成金色頂映圓光授為太素清虛眞人領小有天王治王屋山掌上清玉章九天玄文六合秘籍乘龍輦虎旂玉輪金蓋詣大有宮朝見天姥會集天台桐栢仙眷

王喬

故子行採取玉芝遇見鄭弘也弘母卒弘爲鄉嗇夫第五倫來守會稽舉爲孝廉未幾倫赴召入拜司空江陵進鹿兩角間有道家七星符實季主所遺之乘鹿帝異問之尚書郎王喬奏曰此或山人所蓄者辛酉春帝欲如河内射獵皆暘隨行官屬帶履王喬上書諫止帝怒遷喬葉縣令車駕將及河内連綿大雨難行東平王亦諫帝乃轉轅喬即天台王君於新莽末年出山更始二年光武攻斬王郎假稱河東人在南陽獲一石雞來獻光武問之王君曰昔秦穆公獵得雌雉遂霸西戎建寶夫人祠於陳倉其雄雉之神曰葉君別居南陽至今五百餘年眞命當出故葉君亦出也光

武帝而收之命合祠於寶雞山以喬爲尚書郎及今諫止稜獵出爲葉令漢法畿內長吏惟許朔節入朝喬每月朔望自縣詣京帝怪其來數密令太史伺而望之言其臨至必有雙鳧自東南飛來於是至期清晨令人伏候鳧至舉網張之但得一雙赤舄帝使尚方識之乃四年所賜尚書官屬履也喬失去雙鳧即回縣不朝天明忽下一玉棺於廳事前衆人推排不能動喬曰天帝獨召我耶乃沐浴服飾寢臥棺中蓋自上覆終莫能開一宿玉棺飛出城東土自成墳其日縣中各家但見牛馬俱流汗喘乏莫知其故蓋守神爲王君運畜營葬也葉縣門下有鼓每當朝時其

劉晨

阮肇

緣訪花便結了山盟

鼓不擊自鳴直開京師自喬去後鼓忽破壞百姓咸知其神為之立廟亦號葉君祠凡祈禱者輒應王君回天台朝見上宮聖父西靈子都亦自大有宮來會飲宴間談及子女事王君曰七子自能了道二女未可慾期我歸越中路過二人宿有根本一是廣漢折象轉世曰劉晨一是廣寧絕叔陽再生為阮肇同居剡縣深相交契不忘世外之志常作伴入山二十不日至此可即招為佳壻乙丑春劉阮相約往天台採藥荷鋤提籃至一處見桃花萬樹儼若仁居步過石梁有小犬嚶嚶而吠劉阮玩景深入迷失故道經十三日飢渴甚遙望山頭有桃實如拳乃躋險附葛攀

數枚敢之、一時飢止體充、復尋路下山、掬飲澗水、見蕪菁葉相映甚鮮、一杯從隔溪流至、中有胡麻飯、取而分食甘香異常、喜曰、此近人家矣、將度山而出、前阻大溪、溪邊有二女、光艷絕異、相顧笑曰、劉郎阮郎捉杯來耶、劉阮異之、近前恭問、二女懽然答語、宛如舊識、復曰、郎君來何晚、且至茅舍少坐、即邀還家、劉阮見南壁東壁皆有羅帷絳長帳角懸鈴、上有金銀交錯、各侍婢數人、使令具饌、延入席、有青蒜泥山羊脯、味甚甘美、食畢行酒、俄有羣女持桃實以進、笑曰、賀汝壻來、共坐歡飲、酒酣樂作、至夜深席散、劉阮各就一榻、二女侍寢、明晨俱起梳洗、綢繆喜悅、相聚至劉阮尚有周折故王若不與相見。

梅姑

魚道超

魚道遠

十日劉阮求還二女苦留乃止山間氣候草木常似二春百鳥啼鳴千花爛漫二人對此歸思更切二女曰業根未斷使君等至此復生退志遂指示歸路各惆悵而別二女至委羽見母元君教以靜養時劉京既得眞道寄足東南間往武夷訪道或來委羽尋眞王君遇之語以玄牝左煉之理京拜領其教未幾朱仲尋至云在丹陽遇秦時女眞梅姑實有道術能躡屐平行水上廣度世人鄉里立廟祀之其道友二人同學於女偊師者曰魚道超魚道遠入隱武夷山其地四圍皆生毛竹後人因呼二魚爲毛女常見梅姑贊歎君之英年有道欲得一晤梅姑意以二魚雙配

傅毅

蔡愔

秦景

於君以為何如京猶未允王君夫婦聞之亦來贊成擇日送至武夷寓九曲溪邊成婚之日奉林檎美酒於梅姑以酬其勞世人謝媒謂澆梅根者由此明帝於壬戌夏夢一金身長人丈有六尺頂圍圓光體周日色飛空而至殿前帝明日述此以問羣臣傅毅對曰聞西域天竺國有神曰佛生於殷末道成於周初身長丈六遍現黃金色環佩日月光應變無窮無所不入陛下所夢殆將是乎帝前以伊吾盧地為西域諸蕃往來之要欲遣將屯田於此及聞此言乃使郎中蔡愔羽林郎秦景博士王遵等十八人往天竺尋訪問佛道法愔等領旨遠涉西方直至拘私那竭國求得佛像叩

王遵
崑崙
天竺胡
婆羅門
優婆塞釋

其國人道法惘然無對惟云有頓遜國屬扶南西出海中國主名崑崙有天竺胡五百家供養佛圖於婆羅門者千餘人敬奉其道以香花自洗精進不捨晝夜香馥有區擬摩花冬夏不衰日載數十車貨之國中慘更香好其西又有迦維羅國今屬播黎越國即名維那有優婆塞姓釋者可二十餘家是户靜王之苗裔或有家傳也愔等問去此許遠國人曰我國去舍衛國三十由旬舍衛至維那五十由旬（一由旬蓋中國四十里）愔等皆攢眉吐舌國人笑曰此處尚近去來無難若和訶條國在西南大海中地方二萬里有大山山有石井井中生千葉蓮花井邊石上有四佛足印合

第三節　六

沙彌

摩騰

沙門

八艾月之六爲齋日彌勒菩薩與諸天神聖處禮佛跡禮竟便各飛去其間浮圖講堂皆七寶裝成國王長者常作金樹銀花銀樹金花供養佛像我國浮海到彼路經須刺國亦有五百沙彌皆奉佛教往來以二年爲期猶未足爲遠也惜等乃稱謝告退復轉至大月氏國遇一僧曰摩騰美丰儀解大小乘經聚徒說法衆曰沙門皆草幕爲床惜等往拜之曰吾師大聖能以佛教流行東土乎僧曰我之十七代祖師迦葉乃釋迦佛大弟悲鄭部人民常願度之（此洲在彌羅山南故稱南閻浮提）藏修雞足山集載佛語爲十二部經文歷世相傳累成四十二章汝等可繕寫以歸不虛此來也

四沙門

命弟子出大乘經典皆貝葉之文金光之字惜等悉皈依弟子跪寫佛經心經大悲等咒共四十二部十四月始畢四沙門拜謝而回騰令四沙門與之偕行時乙五（海中金）秋七月也帝聞求得經像覩出西陽門郊迎初止鴻臚寺以白馬（庚午）馱經而來剏置白馬寺以居（中國僧寺取名之始）命四沙門住持迎入正殿會集羣臣啟金像拱瞻見其相七滿八平廣腋長臂金花而珠澤毛青精髮燄火眉琉璃咽珊瑚舌栴檀口纓絡胷是其八寶法相外有七寶之飾寶案幡闕其書請四沙門解釋其義曰吾佛以虛無為宗貴慈悲不殺人死精神不滅隨復受形生時所行善惡皆有報應故必修煉精神以

◎宋均

□楚王英

耳爲佛精於其道者號曰沙門帝喜其言人緘藏蘭臺石室供奉以佛像繪於清涼臺其臺冬無大寒夏無大暑故名顯節陵宋均諫曰佛言虛無寂滅使流於世將成無君父之俗孰與治國乎帝曰其語能覺悟羣生化通萬物何傷於爲國耶更令郡國皆圖形像傳寫其文習誦受持凡歸之者削髮披緇以別其類謂釋氏僧家王公貴人多有崇奉楚王英最先好之（光武第六子）冬十月詔聽贖有罪亡命者英奉黃縑白紈云贖向積愆辜詔報曰楚王誦黃老之微言尚浮圖之法教何嫌何疑當有悔吝還其縑帛以助伊蒲塞桑門之盛饌（即梵語之優婆塞沙門華言清信善覺之士也）越騎司馬鄭

鄭衆　劉子南　孔元方　張公超　尹公　黃河水逆流耳此工夫近道

衆使北單于還聞帝信奉佛書因勸當行中國聖人之教帝乃崇尚儒學丙寅九年詔令皇太子諸侯王及大臣子弟皆令受經匈奴聞之亦遣子就學戊辰東平王來朝帝問王處家何事最樂王言為善最樂帝賜王諸子皆佩列侯印時匈奴賓服西羌猶為漢患已巳歲以劉子南為武威太守子南少與許昌孔元方京兆張公超從雒陽道士尹公學法元方名秘常服松脂茯苓松實等藥老而轉少道家或請會飲元方作一令以杖拄地手把杖倒豎持杯逆飲如蛇吸水其他道術藏而不試公超名楷既得尹公術徙居華山谷中能為五里霧人不能近收則晴明如故

裴優

復得五敓金匱之學坐在立亡造訪者日衆車馬塡塞無所容貴戚家起舍巷次以館過客時號公超霧市（太華山南有張）谷超裴優亦能作三里霧來求學於楷楷不與見未幾優作賊事敗詞連及楷有司以無據見原楷後爲南宮召爲仙官子南受尹公務成子螢火丸方丸如杏仁以三角絳囊貯五丸帶左臂上從軍者繫腰間居家懸户上辟盜及諸惡毒子南合而佩之在武威界遇虜被圍矢下如雨未至馬數尺矢輙墮地無一及身虜以爲神解圍去子南以其方敎已子及兄弟親朋之從軍者皆未嘗被傷楚王英慕之密使人求其方子南不與庚午冬楚王與方士作金龜

鍾離瑾

玉鶴刻文字爲符瑞有人告王造作圖書有逆謀事詔下有司案驗奏英不道請誅之詔廢徙英於丹陽辛未夏英愧忿自殺窮治楚獄焦既亦被收於道亡去詔繫其妻子於獄既之故人皆避禍遠遁鄭弘詣闕訟既之冤帝嘉其義遂釋之擢弘爲淮陰守至郡興利除害歲有微旱弘親行田間霖雨即至時有白鹿方道夾轂而行主簿賀曰聞三公車轓畫鹿明府必將大拜未幾果徵入壬申十五年鍾離瑾言孔子之神聖帝於是春東幸闕里具太牢禮祭親御講堂命皇太子諸王說經遊孔子手植檜下高五丈餘見靈光殿問之博士對曰景帝時魯共王欲廢孔子故

孔安國　宅以廣居址、聞壁中有金石絲竹之音、懼而止、後孔安國
發壁得古文經傳。共王乃建一殿於孔宅之側、因名靈光、
帝歎曰、自漢中微、宮殿皆毀、而靈光巍然獨存、共王殆亦
陳伯　有異乎、博士陳伯安樂人、進對曰、共王果異、安國更奇、帝
問其詳、伯曰、安國孔子之後、博學好道、常行氣服食鉛丹、
隱於潛山石室、代為鴻儒、獨願小隱。

劉阮未歷世味。故入仙境而不知其佳。必身經得喪。目
擊興衰、始能證道、是亦人情之常、

螢火丸能避兵刃及諸不祥、眞堪秘惜、金人入夢。佛教
流行。天師降魔。道法愈顯。

姜伯
塗山
大伍知
司城子期

○○陰外戚容受丹經　○○沈侍郎重歸碧落
斷穀不語每經年半一出飲食至二百餘歲顏盃童少弟
子隨者數百皆不肯輕傳俟奉事五六年審其志誠乃傳
之臣當求爲弟子留三年知臣執信始謂曰吾亦少更勤
苦尋求道術終不能得神丹八石登天之法唯受地仙之
方僅以不死復事海濱漁父即越相范蠡也矜哀有志援
秘方服餌之法以得度世漁父更云昔姜伯塗山大伍知
司城子期浮丘伯大禹東方朔王喬皆用此方千歲之後更復少壯吾
以一方授東萊崔仲卿年已八十四謹服三十三年鬚髮
不白口齒完堅沛縣張合夫婦奉事極謹我授其方合妻

㊀崔倩
㊀張合
㊀合妻
十班超
奉林
一班固
十耿恭

年五十服之如二十許、一縣怪之、年八十六生一男、後又教數人、壽皆百歲、間有中夭者、由用之於房術也、帝欲謁受其方、伯曰、臣客歲入山、云已昇天矣、帝載伯於後車中路忽亡去、帝怏怏終日、癸酉秋、遣班超使西絕域、鄯善于寘等國皆遣子入侍、超歸、謂條支安息諸國去雒陽二萬五千里、超即彪次子、字仲升、有相者奉林劉京改名、謂其虎頭燕頷飛而食肉、萬里封侯也、超乃投筆從戎、累功封定遠侯、光固字孟堅、九歲能文、撰兩都賦、續成父彪西漢書、集藝文志諸書、白狼槃木等百餘國皆稱臣奏貢、乙亥夏、北單于進擊車師、耿恭往救、被圍絕水、恭穿井不得泉、恭冠服向

十肅宗章帝
建初
二竇后
一代
⊙張道陵
二張典
二張高
二張默
二張金
二張千秋
二張嵩
二張莊
二張讚
二張彰
二張睦

并拜禱水湧出令吏揚水示虜虜以為神引道去恭識雄
象見勾陳帝座昏慘知朝廷將有大喪是秋帝崩在位十八年壽
四十八葬節陵太子炟即位是為章帝以明年為建初立竇氏為后巳
郊四年詔諸儒會集白虎殿論五經同異帝親臨鑒定庚
辰五年詔各郡國舉賢良之士內一人姓張名道陵字輔漢沛
國豐邑人留侯九世孫初不疑嗣為侯生二子曰典曰高典生
默默生大司馬金金生陽陵侯千秋字萬年生子嵩嵩生莊
讚彰睦述其後多以功烈著傳至唐列為安定范陽太原南陽修武上谷沛縣梁國滎
陽平原京兆等四十三望族中出宰相十七人次子高生通通生無妄無妄生里
仁里仁生浩浩生剛剛生翳翳字大順客於吳之天目山妻

林氏夢神人自北斗魁星中降至地、長丈餘、衣繡衣、以蘅薇香草授之、曰吾始居方山、今奉上帝命、來降汝家、林既覺、衣裾居室皆異香、經月不散、遂感而孕、復歸沛、建武甲午上元夜生道陵、黃雲籠室、紫氣盈庭、室中光氣如晝、復聞昔日之香、浹旬方止、先是清平吉離家百餘歲、一旦回沛鄉里、容色不老、指此地當生一大聖、爲天人主宰、數日後平吉忽尸解、道陵適産於此、七歲時遇一老人稱河上公、授道德眞經、捧歸誦之、即通曉其義、及長長九尺二寸、龐眉廣顙、朱頂綠睛、隆準方頤、目有三角、伏犀貫頂、玉枕峰起、垂手過膝、美髭髯、龍踞虎步、豐下銳上、望之儼然、博綜五經墳典以及天文地理河洛圖書讖緯之秘爲一代大儒往來吳越從學者千餘人天目南三十里西北八十里皆有講論之堂今臨安神山觀餘杭通仙觀是其地常計功名無益於身心乃鍊長生之道於陽羨山中三面皆飛崖峭壁惟北一徑可入即張公洞洞之西南有潭在山半深谷中周遭皆石壁下臨深淵石梁亘其上間有玉女來遊行道陵不之顧聞西洞庭有羽士曹洞玄棲於林屋洞側馬城宮中深明道法因與講究復自浙踰淮涉河洛入蜀山得煉形合氣之書辟穀少寐永平二年二十六歲赴直言極諫科拜巴郡江州令未幾隱鍊北邙山建初五年四十七歲詔舉賢良方正道陵不起復徵爲博士亦

廉范 十一周紆 十二魯恭 元和 物貴白色為光潔也 十三郭賽

不赴時廉范遷蜀郡太守民有五袴之謠聞鬼谷子隱大峨山洞著書三叩始得見與語當世事切中時弊范曰安得如高賢者出輔朝廷維持風俗耶先生曰當世不乏賢才如第五倫鄭弘班超明公等為一時之俊無從施展如雒陽令周紆剛介能觸豪强中年令魯恭其治邑有三異皆不能重用山林抱道之士肯出就仕耶范感歎越宿告退不數步回顧山洞已雲封莫辨甲申元和元年日南獻白雉白犀二年帝東巡進祠闕里北幸趙地登蒲吾房山上有王母祠設醴祀之至元氏山多白石如氷堆玉削封為白石神君有司奏度遼將軍郭賽有女名勺藥靈頴好

樂

(十)鼂閟

(四)卬池龍

道及笄有眞人降曰汝是東華玉女乃授六甲靈文能飛形徙來頃刻千里冬日與妹弟語及鮮桃即於袖中出桃一枝纍纍數實甘美異常云得之蓬萊衆莫測其從來帝命召之使至勺藥立地而逝使者還報命建祠祀之曰勺藥行宮丙戌三年丞相鄭弘數諫外戚權重帝不聽至是病薨未幾第五倫亦卒詔郡守進賢令先是趙王如意化形率然報呂氏寃用海水漂滔卬池溺死二千餘命海神鼂閟劾其擅用海水枉殺平民上帝譴責命爲卬池龍使天吏監臨不得干預雨澤値連旱水涸烈日上臨内外熱惱八萬四千鱗甲中生小蟲咂齧不已宛轉困苦一日晨

凉天光忽開五色雲氣浮空而過中有瑞相紺髮螺旋僉容月瑩現諸聖妙山靈河伯萬衆稽首天香繚繞天花紛墜龍神清口潤仰首哀號乞垂救度萬靈諸聖咸曰此西方太聖正覺世尊釋迦文佛也往東土流行教法爾既遭逢宿業可改龍即踴躍人天光中具陳往昔報應之故佛言善哉帝子汝向來孝家忠國復生憫世護持之念因果未周仇敵相爭遷怒於物業債當償今悔求解脫汝於是時復生冤親嗔恚否龍心地開明無人無我自觀業身隨念消滅復爲男子聽佛宣說得灌頂智得大辯才神通力圓滿相遂歸依焉旋即受形於趙國張禹之家禹刺史揚州志在察

寃理枉不畏子胥神遷渡、長名動州推郡舉授清河令寬明自任待吏、
如僚友視民如家人。教化之善不一而足、以是雨暘以時、
蝗蟲不作、偷賊相戒出境、姦邪格心、爲政五年怨讟不聞、
四民爲之歌曰、
吾有師、師嚴而不慈。教我恕我張公能之。吾有友、友信
而不戒。親我正我。張君是賴。我有親、親母恩掩於義。張君
似之。柔而不制。我有親兄、實敬於情。張君似之。和而不
争。
時爲太守責以趨進、勳曰、將會帝於九原也、遂解組而歸、
百姓號泣追送、公慰諭遣之、歸即無疾而卒、丁亥改元章

章和 和帝 永元

陰長生 馬鳴生

和。戊子春正、帝崩、年三十一、在位十二、太子肇即位、是爲和帝、己丑建元

永元。丁酉九年間、張道陵在北邙、欲徵爲太傅、遣使聘之、

不出、令使者再往、許封冀縣侯、終不就、初隱修煉三年、有

白虎啣符置座隅而去、視其文不識、有施藥道者來會、言

能識丹書篆文、出符示之、道者曰、此太乙龍虎神丹眞經

也、子何從得者、道陵述其故、求其姓氏、道者曰、吾立心求

長生、故名恒、字長生、新野人、陰皇后之曾祖也、雖屬外戚、

不慕榮位、潛心大道、聞馬鳴生有度世之法、乃入諸久山

尋求、至南陽太和山、得見、執奴僕之役、鳴生不教以道、但

談世事、如是十餘年、共事者十二人、悉恚怨歸去、獨我執

禮彌謹又積二十年鳴生始問所欲我肅敬跪拜曰惟乞生爾鳴生憫焉乃曰子真求道者也遂將我入青城山煮土爲金以示我即立壇西面授太清金液神丹之經臨別曰吾即蜀之青衣帝也復出諸品丹經指說名目故頗能識之入武當石室中依經修煉七年丹成遂先服半劑自號北極子欲立功行更作黃金數萬斤周行賑施待施盡始服餘丹方可上昇爾道陵曰常聞仙有數等君證者何長生曰仙品雖多總歸乎三若能絕嗜慾修胎息頤神入定脫殼投胎托陰陽化生而不壞者可爲下品鬼仙也若受二甲符籙正一盟威上清三洞妙法及劍術尸解之法

魏伯陽 雍母 文姬 三代

而得道。南宮列仙。在諸洞府修真得道。乃中品仙也。若修金丹大藥成道。或脫殼。或冲舉者。乃無上九極上品仙也。道陵復與論成仙人數長生曰。上古仙者多矣。不可盡論。漢興以來得仙者連余四十六矣。二十人尸解。餘並白日上昇。觀子骨相非我可比。當為律仙之祖。勉力加功。我將東遊吳越會赤須先生也。遂携囊而去。未幾道陵入吳尋魏伯陽之遇真人魏伯陽。拜求其道。丹道愈明。別而西遊。愛蜀中溪嶺深秀。初居陽平山。得貞女雍氏為配。始生女名文姬。既生子衡（字聖貞）。越三年。又生子權（字合義）。復連生三女。曰文光賢姬芳芝。母子七人共處道陵。西行見靈奇一山上有

張衡　張權　文光　賢姬　芳芝　玉長　山神　趙公明

石鶴形少似鶴聞真鳴則有得道者道陵居之石鶴忽鳴因名鶴鳴山蜀人王長習天文通黃老來投爲弟子道陵與長歸沛時父母俱亡卜築於桐栢太平山後受封桐栢眞人墓在桐溪分水居年餘復從淮入鄱陽登樂平雩子峯山神拜迎於道願受驅策道陵命其廟食峯下將欲鍊丹其間山神知覺常以雙鶴導其出入道陵遂棄其地復泝流入雲錦山獨與長鍊九天神丹一年紅光照室二年有青龍白虎現繞丹鼎亦名龍虎山三年丹成年六十餘餌之益壯行及奔馬長分餌有得一日有神人虬髯鐵面皂幞金鞭跨黑虎至前曰趙公明願永護眞人丹爐道陵命其鎮守玄壇復自觀訪

鄧后　元興　蔡倫

西仙源獲制命五嶽攝召萬靈神虎秘文於壁魯洞復興長入北嵩山有繡衣使者告曰中峰石室藏三皇内文黃帝九鼎丹書及太清丹經得而修之乃昇天也於是齋戒七日入石室足所履處豁然有聲掘其地果得丹書精思修鍊能飛行遠聽分形散影每泛舟池中誦經堂上隱几對客枝藜行吟一時並起人皆莫測其神妙壬寅冬聞帝立鄧氏爲后歎曰鄧禹未嘗妄殺後世自必有興乙巳元興元年春常侍蔡倫進巳造之帋以代竹帛倫字敬仲桂陽人少負才名每思倉頡有竹簡汗青必有意肯乃剉故布戩青竹擣抄作紙帝命頒於天下人爭效之封倫爲龍亭侯表

延平

◎殤帝

口清河王

◎安帝

◎號懷喜

宅址内有蔡子池春紙白岳州平江縣亦有春紙白嘗就其地多竹也△張道陵曰雖爲世汸便反樸爲澆恐帝壽亦不永是冬帝崩在位十七年壽二十七少子隆生百餘日即帝位丙午建元延平八月帝崩謚孝殤鄧太后迎立清河王慶之子祜是爲安帝章帝孫年十二太后聽政因憂思成疾聞吳郡有良醫遣使往尋沈羲仙去凡四百一十一年至今九月復還坐於十餘世孫名懷喜者之家言其所以懷喜聞有遠祖登仙遂敬事之叩問仙去所遇之事羲曰初上天時不謁天帝但謁太清老君向東坐夫婦跪拜左右勑余不得謝令相對默坐宮殿盤鬱雲氣五色庭中皆珠玉之樹衆芳叢生龍虎辟邪遊戲其間但聞琅琅如

銅鐵聲不能測識侍從數百多女少男四壁熠熠玄黄有符書著之老君長可丈餘被髮文衣身體有光不可正視須臾數變令玉女持金案玉杯盛藥賜余曰此是神丹服之不死夫妻各得一刀圭又言服畢拜而勿謝復賜大棗二枚如鷄子脯五寸復賜符一道仙方一首曰汝且還人間救百姓疾苦若欲來此懸符竿杪吾遣仙吏迎汝但昇時不雨也語已奄忽如睡已在地上矣向於蜀中治病今始來此遂留鄉里以仙方施治所活無算遠近傳播太后遣使請問義以方寄上病隨愈丁未永初元年春三月義偶遊丹陽見有沈建者其先世為長吏而建獨好道不任

學道服之術義念同宗子弟因傳以符方亦能為人治病
無輕重建到輙愈奉之者數千家每將遠行寄奴侍三五
人驢一頭羊數十口各與藥一丸謂房主曰但累屋舍不
煩飲食也便辭去主人怪之曰此君所寄奴畜而不留寸
資當如何仍與之飲食奴侍聞氣皆嘔逆驢羊見水草亦
避去不食主人驚異視奴侍光肥驢羊茁壯建三年乃返
奴畜各復以一丸藥飲食如故建能舉身飛行或去或還
三十年後乃
不知所在義以有建行世於戊申二年以符懸竿杪一
時儀仗侍從迎歸君落是夏大旱太后親錄囚徒有一囚
被考誣服具得其實令考者抵罪太后行未及宮澍雨大

黃石君降去歲司徒曾恭奏孟夏斷薄刑冬月斷大辟恭性慈愛少孤家貧偶遊穀城山遇黃石君者自言數百歲猶有少容恭師之得授空洞靈章之經黃君知其曾共王再世謂之曰子雖遠舉終歸棲此後舉明經居官剛直肝腸赫赫節義凌凌

道陵矢志修真封侯不易固知人世榮華不及仙家歲月認得真識得透也

神仙功行惟在濟世度人碧落侍郎一歸天上反覺無處立功故復人世遊行蓋未成道必當離俗已成道者不能忘世也

上鄧騭
◎楊寶
◎楊震

○○○魏伯陽丹試周馮　○○○張輔漢道傳王趙
晚年、卜葬於鉅野、鑿山為墓得一白兔窟中小兔甚多、衆
欲擊捕、恭止而掩之更鑿於山陽、得黃金無數○因名金鄉庚戌
四年鄧騭為大將軍太后兄、曾恭舉弘農楊震清節○震父寶
九歲至華陰山見一黃雀為梟搏墮地困於螻蟻、即懷歸
置梁上、又為蟲鼠所嚙、移置巾箱中、采黃花飼之、百日羽
豐朝去暮來、經年後忽與羣雀俱來、哀鳴遶寶數日乃去、
是夕有黃衣童子來再拜謝曰吾西王母使者往蓬萊過
此、却數遭脆感君極養愛護、今當受使南海、不得朝夕奉
侍、流涕辭別、且以白玉環四枚遺寶曰令君子若孫位三

虞詡　元初　永寧　李郃　建光

公潔白如此。震後楊氏四世三公、寶以世亂不仕、光武高之、賜號靖節先生、震字伯起、明經博學、諸儒稱曰關西夫子、嘗教授生堂下有三鱣、都講以為有三公之象、鄧騭聞而辟之、會恭又薦朝歌長虞詡、詡有才畧、元初乙卯二年、以詡為武都太守、羌人讋伏、帝以庚申改元永寧、遣二使微行入蜀、體察吏治、時李郃為郡候吏、遇之、出酒與飲、問二使曰、君自京師來、知二使者何日發、二使大驚、問何知之、郃曰、天象有二使星入益部耳。二使歸朝言之、召為侍中、辛酉改元建光、詔舉有道之士、初會稽上虞人魏伯陽世襲簪裾、惟公不仕、博贍文詞、通諸緯候、恬淡守素、道義是從、出遊向

現信然
無常先生
周燓
馮良
虞巡

曲山遇道士云自善恐國來姓現名信然（即陰長生）師無常先生（即馬鳴生）受無常丹經古文金碧龍虎上經子好道合當授伯陽拜觀之深獲妙旨修眞潛默養志虛無來從者甚衆

伯陽乃將汝南周燓南陽馮良虞巡（翊之從叔）入廬江山見四峰特起立四鼎作丹三年丹成知周馮心未盡誠試之曰金丹雖成宜先試之犬犬無恙而飛人方可服入山時曾攜一白犬自隨以丹飼之犬即死伯陽曰作丹未成無乃未合神明之意耶服之恐復如犬奈何弟子曰先生當服之否伯陽曰吾違背世路委身巖谷而修不就亦耻生還將與鬼爲隣也吾當服之取丹入口即死巡忖曰師非凡

徐景休

綈袍戀々

陳忠

人得無有意乎亦取服之仆地周馮相謂曰作丹求長生耳服之而死焉用此為遂共出山伯陽躍起將神丹納巡及白犬口中須臾皆起乃得仙道伯陽嘗約周易撰參同契三篇復作五相類補塞遺脫繼演丹經之玄奥青州從事徐景休深通易理初遇陰眞人之授性樂天眞嗜酒不輟而怡然獨醒伯陽往訪寄以書質之景休開講淵微更爲高敞伯陽曰實吾師也仍勸其勿飲爲高徐遂斷酒隱名而註其義曰分箋註節解伯陽念周馮其二棺入山爲殮失屍大慟之誠乃俟伐木人來作書寄謝各與所著書一卷周馮始大悔恨自此閉户絕俗矢心靜悟尚書陳忠

延光　閻后　北鄉侯　順帝　周舉　永建

薦周馮學行深純帝以禮幣聘之皆不欲就周燮之宗族勸之曰夫修德立行所以教世也君獨守東岡之陂乎燮曰夫智者度時而動動而不時焉得亨乎遂與良自載詣縣稱病而還壬戌延光元年鄧太后崩帝始親政甲子三年帝廢太子保太尉楊震上疏極諫被貶而卒乙丑春帝崩於葉年三十二在位十九年閻后貪立幼年定策立北鄉侯懿至冬薨中常侍等迎故太子即位是為順帝盡誅閻氏黨類遷太后於離宮周舉勸司徒李郃上疏帝始朝太后詔改葬楊震諸名士往送之有大鳥高丈餘集喪前俯仰流涕葬畢始去咸謂震之靈焉丁卯永建二年詔徵處士南陽樊英

◎樊英　◎黃瓊　◎楊厚　◎雲翹　◎東海涉翁　◎劉綱

河南張楷江夏黃瓊廣漢楊厚惟楷不起、三人拜為議郎、樊英有族姑雲翹少喪父母善辟纑日績十八兩以供祖母少姝年十三遇一聳顛老叟云是東海涉翁謂雲翹相具仙姿稟彝孝友當躋蝢門道法遂授眞境靈符寶籙且囑曰不可輕付匪類汝祖汝妹雖亦名列青籍功行未建因緣在七百年後言訖而去雲翹默修有得揚州劉綱字力維家世下邳少好道術得委羽劉京所傳能檄召鬼神禁制變化潛修密證人莫能知聞雲翹之賢乃媒聘為室後舉入賢良科仕為尚虞令為政清靜簡易無水旱疫毒鷙暴之傷歲歲大豐暇日常與夫人較術俱坐堂上綱作火燒客碓屋從東延至夫人禁之即止舍宇無恙庭中兩桃樹夫妻各呪一株使相鬬擊良久綱所呪者敗走籬外綱常吐唾盤中即成鯉魚夫人口吐一獺往捕食鯉綱與夫人入四明山路阻虎綱禁之虎伏不敢動纔過虎即去夫人逕前虎以面向地不敢仰視以繩繫於卧床脚下綱每試術事事不勝及功滿將昇天縣廳側先有大皂莢樹綱登樹數丈方能飛舉夫人平坐冉冉如雲氣之升同上碧霄而去英英為夫人族子（字州剌）奉事盡禮稍得其傳能推步災異嘗潄水救火與作霧張楷善及英應詔楷遂薄之英入都帝待以師傅之禮士大夫咸就請教未幾無疾而逝

㊇黃香 瓊父黃香事父母極謹夏扇枕冬温衾章和時為尚書令以壽終、墓在常熟、瓊字世英、居職練達數上疏帝釆納之壬申為

梁后 陽嘉元年立梁貴人為后明年宣陽亭地拆八十二丈帝 外戚兆禍

㊂李固 引所舉敦樸之士使各對策南鄭李固為最、郃子、字子堅、嘗易

㊉九烈君 姓名貫笈從師一日偶行桝下遇老人謂曰吾九烈君也上帝命掌桝汁以染天下舉子之衣即得顯達已染子之衣矣得舉當以東糕祀我能使子獲高位固敬奉之貴顯

永和 罷遲丙子改元永和丁丑夏大旱禱雨無應河南尹周暢

㊃周暢 字伯符、安城人、乃收葬雒陽城傍客死骸骨萬餘為立義塚應時

㊀周爰支 大雨三農豐收議郎李固聞於朝徵為光祿勳有女名爰

法眞
法雄
高恢
梁鴻
孟光

妾少好善服茯苓三十年遇一道士稱是秦時石長生教
以化遁上尸解之法爰支得授父其後父女皆無疾善終
人以爲吉祥逝也郿人法眞字高卿雄之子體兼四業學窮典奧
與汝南周暢西蜀高恢爲友恢字伯達治老子恬淡之道不
營世務匿耀隱華終身不入城市梁鴻初受業太學博覽
不爲章句乃牧豕上林苑同縣平陵孟氏有女名光狀醜
不嫁父母擇對光曰欲得賢如梁伯鸞者鴻字鴻聞而聘之
及嫁七日更爲四椎髻布衣操作而前鴻喜曰此眞鴻妻
也能奉我矣字之曰德曜共入山耕織爲業詠詩書彈琴
仰慕前世高士而爲四皓以來二十四人作頌因東出關

梁皐伯通

太守

過京師作五噫之歌章帝求之不得鴻易姓運期名燿字侯光與妻居齊魯之間又適吳寓皐伯通廡下為人賃舂每歸光為具食舉案齊眉伯通異之方舍於家鴻賓避外藏潛閉著書十餘篇少與高恢善隱於華陰山及是思恢作詩曰

鳥嚶嚶兮友之期念高子兮僕懷思僕念恢兮爰集茲鴻卒囑葬於吳兮先歸扶風

眞博通內外之學蹈老氏高蹤隱居不仕號關西大儒扶風太守遣訪眞以幅巾相見太守曰欲屈為功曹光贊朝政可乎眞曰以明府折節故敢相迎若欲吏我將在南山之南北山之北矣帝西巡

田羽　郭正　邪神女　杜公　東陵聖母　梁商

同郡田羽薦之帝虛心欲致前後四徵不屈友人郭上稱之曰眞可謂百世之師者矣○中平五年卒年八十九諡玄德先生庚辰五年廣陵有司奏神女上昇女邪姓曾師劉綱能易形變化隱現無方長滴海陵杜氏杜公不信道恚怒之女時或理疾救人有所請杜恚益甚訟之官云妻姦妖不理家務官收女下獄頃之已從獄窻中飛出衆望之轉高入雲中留履一雙在窻下奏聞詔立廟祀之賜號東陵聖母遠近士民祈禱立效常有青鳥在祭所有失物者乞問所在鳥即飛集盜者屋上由是路不拾遺竊者禱鳥至則吉辛巳六年后父大將軍梁商病遣人至海陵虔祀青鳥不至未幾商

梁冀 漢安 杜喬 周栩 馮羨 張綱 郭遵 劉班

梁皇后兄冀代之五年帝漢安元年帝遣威望素著者爲使以杜喬周舉周栩馮羨欒巴張綱郭遵劉班分行州郡秘山圖爲立功行自東南轉入汝陰聞有欒先生得道居蒙山能誦龍蹻經乃入山追尋遇一真人乘白鹿張羽蓋佩青旄之節侍從十餘玉女圖意是欒再拜乞訣真人曰吾羡門子也前有周義山懇問長生予以蒼丹半顆與服近遇中央黃老君授大洞真經三十九篇句日上詣太微宮受書爲紫陽真人治蒼衍山金庭銅城子之名在丹臺玉室何憂不仙而遠涉江河來登此山耶不如及早歸伏圖問欒何在真人曰今成甘露凝珠復往虚世遨遊不

可見仙家似用国家年號

中山黃老

居成都故鄉即在帝都雖下圖拜別尋至蜀郡不見因上逍遥山見石室中有核狼籍丹竈烟浮尋視悄無一人石壁上刻漢安元年四月十八日會仙於此十二字圖跌足曰不意今日恰有仙真會此步遲一頃矣撥爐視之猶有丹屑少許刮而食之復留連半晌遇一丈人云是中山黃老為子夙根既深授以三清要訣令其冥目內視洞房垂見無央白元語畢曳杖飛行而去圖遲徃雒陽訪求欒巴巴不改姓名原居蜀地內黃初任臨汝太守親賢愛民為立生祠於臨川山巴山後欒既任桂陽太守興學勸士訓課吏脊定婚喪之禮朝廷徵入面奏令與杜喬等巡行天下將

七

起程圖來與語相叛同往視察西南郡縣一路除殘表善
吏民悅服至滇中赤晟山上產五色靈芝形勢奇秀二人
潛避其中養靜數年後上帝降册欒君為青陽真人山君
為再同真人八使中惟張綱未之部即理輪於都亭劾奏
梁冀綱字文紀犍為武陽人司空皓之子留侯之後少有氣節居北平山讀書
每夜見五色神燈莫知其數往來山頭天柱峰一日見一
道者曰我張道陵也與子同宗故來告出處之術綱迎拜
求教道陵曰凡人率性直行邪僻難千詭詐百出終身憂
辱在乎順理而已子其靜以待時不患無美名也綱謝教
自此常降齋頭講究道學其侍者皆稱道陵曰真人未幾

白虎神

趙昇

辭去眞人立志行道乃謂衆曰昔禹平水土盡焚山澤功垂萬世今地道未寧妖厲不戒吾徒無益道功未修奈何近聞巴蜀沴氣爲災害於人當速除之遂登西城山築壇彈以降五帝感太上屢附授經籙於是能分形示化出入水火之妙矣其時西城房陵間有白虎神好飲人血每歲其鄉以人祭眞人聞之召戒虎神其患遂息又有人告梓州有大蛇鳴則山谷震動時噓毒氣如霧數里外人中之輒死眞人亦以法禁之不復爲害由是遠近來歸者以千數其九鼎大要惟付王長後得一徒曰趙昇楚人舉動如愚眞人頗悅其誠篤乃七次試之初到門不許相見彼

辱罵之四十餘日露宿不去乃收之遣於草中守稻驅獸（一試）
暮夜一美女詐言遠行過此寄宿與昇接床明日稱足痛
留數日頗以姿容調昇昇終不失正（二試）道有遺金數十餘餅
昇趨而不顧（三試）入山伐薪三虎交搏之持其衣服昇不恐怖
謂虎曰我道士也少不履非遠來求師學道汝不須爾虎
乃去（四試）使昇入市買縑已付值訖而物主誣言未得值昇即
捨去不與爭論解衣賣錢更買而歸（五試）別守田穀有一人來
乞食衣不蔽形身生癩瘡臭惡異常昇憐而不憎即解衣
衣之以己糧為食（六試）眞人登雲臺山絕頂巖有桃樹大如臂
生石壁上臨不測之谷語諸弟子曰有能得此桃實者當

付以道要於時俯而窺者二百許人皆戰慄却退還謝不
能昇忖曰神之所護何險之有乃從上自擲正得樹上足
不蹉失取桃滿懷而石壁峻峭無從攀援不能復上以桃
一一擲上得二百餘枚眞人賜諸弟子各一自食其一留
一以待昇乃臨谷伸手接昇衆見眞人臂不加長如掇一
二尺物忽然引手昇己得還以所餘桃與食眞人曰昇猶
七試
能正心自投桃上不致蹉跌吾試自投當得桃否衆諫不
可昇長不言眞人遂投下不知所在四面壁立漫不見底
莫不驚咄昇長相謂曰師猶父也吾心何安俱自擲谷中
正墮師前見坐局脚玉床斗帳中笑謂曰知汝二人當來

遂上谷授以道要衆見三人不起久久散去眞人每出遊行必與張綱相會綱欲從之學道眞人曰子特具正氣而無仙骨且取人間爵祿維持漢室可也埋輪除虎狼詰壘伏强寇

魏眞人三弟子中止得一人張眞人數百弟子亦止得三四人能眞信者何其少也余曰不然仙眞在世濟拔者多矣若學者俱信信者即度則海內皆成仙境俗人既無三元五嶽司命諸眞已空閒無事將若之何呵呵仙道伴人道如漢廷仙臣天台昆弟三劉之夫婦馬陰之師徒敦序天倫樂事孰謂離羣絕俗者是道

〇〇〇奉勑命施法降處、〇〇寓長安說價賣藥
眞人、復次葛山、泰中、昌利、隸上、湧泉、眞多、北斗、稠稉、涙渠、亭
諸山、修九眞之法、俄與王趙同還鶴鳴、漢安壬午元宵眞
人在山睡覺、忽聞鸞佩珊珊、天樂隱隱、香花覆地、紫雲滿
空、瞪目東瞻、見素車一乘、駕五白龍、旌旗儀衛甚盛、車中
一神人、容若氷玉、手執五明寶扇、頂負八景圓光、身六丈
餘、神光照人、不可正視、車前一人、勑曰、子勿驚怖、即太上
老君也、道陵禮拜、老君曰、今歲四月十八日、會群仙於蜀 應前
之道遙山石室、講究大丹宗旨、知子好道、但功行未敷、故
未可引會、吾昔爲尹喜說經、今命汝普度含靈、近日蜀中

有六天鬼神枉暴生民深為痛惘吾當於此建立二十四治分命仙曹主掌世人罪福死生必經多劫能職司六天稽覈血食鬼神率據其所使晝夜各分人鬼有別以福生靈子為吾治之則功業無量名著丹臺矣乃授以正一盟威秘籙三清諸品經九百三十卷符籙丹經七十二卷次授三五斬邪雌雄二劍都功玉印一枚魚鬣衣二儀交泰冠通天玉簡方裾朱履一副且曰與卿千日為期會於閬苑言畢冉冉昇去眞人叩頭領受日味秘文按法遵行修百日内顧五臟外集三萬六千神又感玉女教以吐納清和之氣攝伏邪精行籙中三步九跡交乾履斗之道即魁

劉元達　張元伯　趙公朗　鍾子季　史文業　范巨卿　姚公伯　李公仲

豈七元隨兵所指隱遁出沒皆得自然時有八部鬼帥各
領鬼兵動億萬數周行人間劉元達行雜病張元伯行瘟
病趙公朗行下痢鍾子季行瘡腫史文業行寒瘧范巨卿
行酸痟姚公伯行五毒李公仲行狂魅赤眼有鬼城鬼市
嘷毒嘯禍暴殺萬民枉夭無數真人遵老君語命佩盟威
秘籙於癸未二年七月一日往登青城山置琉璃高坐左
供大道元始天尊實號右置三千六部諸經立十絕靈旛
周匝法席鳴鐘叩磬布龍虎神兵鬼帥聞之率衆鬼持兵
刃矢石來攻真人舉手一指化一大蓮花拒之鬼衆持火
千餘炬來復指之鬼反自燒遁謂真人曰師住峨嵋何爲

來復奪吾居處眞人曰汝等殘害生靈奉老君之命故來伐汝擯之西方不毛之地元達等乃會鬼兵各千萬衆精兵舉甲上山圍繞眞人以丹筆書空遥畫一障衆鬼皆仆八帥俯首求恕以丹筆倒書之復趣眞人呼曰汝等自今速當遠避勿復行病人間如違即當誅之無留種類鬼王曰降災下民本自隸我奈何盡奪願分一半眞人不許叱出之鬼王不服次日復會六天魔王率兵百萬再來環攻長曰鬼其衆不可當眞人曰子勿驚怖吾能却之復以丹筆一畫衆鬼皆死惟六魔王仆地叩頭求生眞人不顧復以丹筆一裁此山遂分爲二六魔欲度不能始大聲哀號

云願去西方娑羅之國居止不敢復來生亂也眞人乃許
復倒筆再畫八帥六魔羣鬼悉起眞人命長有一大石為
擒度之羣鬼攝伏眞人欲降伏其心謂之曰試與爾各盡
法力元達等曰惟命眞人投身大火覆青蓮而出鬼帥投
之為火所燒眞人入木身度木外木即隨合鬼帥不能眞
人入水身乘黃龍鬼帥入水為水所溺眞人以身入石入
鐵皆透貫而出鬼帥纔入石一寸入鐵半寸眞人咒神符
一道左手指之鬼斃右手指之復生鬼帥亦書一符左右
指之衆若不覺元達等化八大虎奔攫眞人化二獅子逐
走化八大龍欲來擒師有金翅鴻飛啄龍睛遁去復化二

大神雙目大挺衆擊真人化作金剛身長萬丈戴天冠頭
圓光具十二種無量相猛擊之神即退走升十二丈卧壁
真人騰空有餘丈鬼帥作雲五色昏暗天地真人化五色
白炁光輝灼雲即流散鬼帥技窮歸營見一大石虛懸營
上勢欲下壓鬼帥欲走不得出營乃同聲哀告請受約束
乞生遠去真人遂命五方八部六天鬼神俱會盟於青城
山黃帝壇下使人處陽明鬼處幽暗誓曰自今以往天地
交日月合汝若復出吾即誅汝悉破毀其城市命六天鬼
王歸於北酆八部鬼帥竄於西城衆鬼猶躊躕不去真人
口勅神符一道飛上層霄須臾風雨雷火刄鋒畢至羣鬼

滅影而走自此妖厲衰息眞人乃立二十四治復增置四治以應二十八宿正氣下通以六十甲子生人八屬各治每治立仙官陰官及祭酒之曹分統之其誠敬忠孝積功累行者仙官錄其善其悖逆奸貪恣肆狠戾者陰官紀其罪由是善惡之報捷如影響蜀民感化更定三十六靖廬七十二福地三百六十名山品秩各置神司守眞人還至蒼溪雲臺山謂長曰此山乃吾成功飛騰之地遂卜居焉潛修九還七返之功一日復聆昔日鸞佩仙樂之音眞人整衣叩伏見老君侍衛森羅於雲中徘徊不下眞人再拜泣曰臣夙承寶蔭親授秘文乃奉天威戰鬼行化功成退

居於此今飈駕再至不獲下降意者大道離臣臣其為屍敗乎老君命使者告曰卿之功業合得九眞上仙吾昔使子入蜀但區別人鬼以布清淨之化而卿殺鬼太多又擅興風雨役使鬼神驅馳星斗震蕩山川陰景翳晝殺氣穢空此非大道好生之意上帝責子之過所以吾不欲近子也且居世間勤行修謝日月星宿氣候陰陽本命使者謝過之後更修三千六百日吾待子於八景宮中言訖聖駕遂去眞人謹依告文與長遷鶴鳴山謂曰陽山有白氣必妖也當往治之行值十二神女於山前姿態妖艷因告其由神女答曰土地陰靈也眞人問此地有鹹泉何在曰前

有大湫毒龍伏處其中眞人以法召之不出遂書一符化為金翅鳳向湫上盤旋毒龍驚畏捨潭而去湫旋涸竭眞人插劍直下成井遂復鹹泉神女各捧一玉環來獻曰妾等願奉箕帚眞人受環以手撫之十二環合為一枚謂曰吾投此環於井能下得之者應吾夙命如所請也神女競入井中眞人掩而盟曰永作井神勿得復出道逢獵者教以勿行殺業授其汲鹹泉煑鹽之法彼方之民至今不罹神女之害而獲鹹井之利即其地剏廟號清河府君之祠崇奉祈禱不絕後以眞人名旌其州曰陵州眞人過宋江蔡江中有妖乃書大山篆符以石為函錮而鎮之妖遂絕每水涸人猶

見函外之文摹歸供養可屏惡邪眞人復居主簿山神人
夜獻玉璧各本竹山泉眞降授靈寶經營率弟子歷遊嵩
泰山渠亭山諸處重修十二年復還鶴鳴一日正午忽見
一人朱衣青襟曳履執板一人黑幘玄衣佩劍捧一玉函
進曰奉上清眞符召眞人遊閬苑須臾從引紛然中有異
龍駕紫輦玉女二人引眞人登車旋踵至一闕前榜云擬
太玄都正一眞人闕眞人既至羣仙禮謁良久二青童又
引羣仙來皆朱衣絳節前導曰老君至矣仰見身坐玉局
旁有二從者年可二十許或曰此子房子淵也張良王褒乃相
與騰空而上至一殿前金階玉砌或謂眞人曰將朝太上

元始天尊也眞人整衣趨進望見殿上圓光照射移時殿上勅青童諭眞人以正一盟威之法使世世宣布為人間天師封眞人為太玄都正一平炁大法師勅還人間勸度仍密諭飛昇之期眞人受命復返渠亭赤石崖舍出三天正一秘法付長昇於灘沅山中敷演建說經臺次還陽平山以飛仙輕舉之法付嗣師靈眞仍至鶴鳴山修鍊雍夫人與子女靜居陽平修三元默朝之道積年累有感應眞人初得黃帝龍虎中丹至是分與眷屬服之皆能分形散影坐在立亡眞人自鄱陽入嵩山得隱書制命大法亦付子女能策召鬼神時海內紛擾眞人入蜀率身行教夫人

盧夫人　王夫人　袁公子　五子

獨遊江表年五十方自修大道二十餘年內丹始成術用精妙猶以爲未足越二年復入蜀居陽平化鍊金液還丹依太一元君所授黃帝之法積年丹成變形飛躍道化甚行遠近欽奉遂於山趾化一泉使禮謁之人盥沐然後詣壇靖曰解穢泉山有三重以象三境其前有陽池即老君遊宴之所後有登眞洞與青城峨嵋青衣西玄諸山洞府相近故爲羣化之首胙長子衡娶媳盧氏次子擢娶媳王氏長女文姬適陳州袁公之子家世好道成婚最久夫人傳以眞道後白日携五子昇天次女文光向得毋道許爲廣陵王妃光以所封有犯父諱先於家不食數月嫁入王

廣陵王府三月卯於殿上飛去、三女賢姬、為燕王妃、勸王修眞不
燕王從、即乃飛昇、四女芳芝多得道術、適魏公第三子為夫、故
魏公子犯父諱於宅、後昇夫張綱受眞人法、綱初舉孝廉、既為議
郎、以剛直自持、權貴畏憚、條陳梁冀無君十五事、冀欲害
綱、以為廣陵太守、時多冦亂、綱單車詣賊壘、至誠喻之、皆泣下
願降、周舉巡并州、時清明有龍火之禁、舉遺書於介子推
廟云、寒食一月、老少甚不堪、今則三日可也、自後俗從其
建康令、正月改元建康、八月帝崩、壽三十、在位十九年、太子炳即位、是為孝冲
冲帝時年二歲、梁太后臨朝、明年為永嘉元年、正月帝崩、在位一年、詔立
永嘉勃海王纘、是為質帝、委政宰輔李固、丙戌建元本初、是夏梁冀

七

質帝　本初　桓帝　建和　和平　元嘉　張機　韓康

使左右置毒餅中進帝而崩。在位一年。策免李固迎蠡吾侯志即位。是為桓帝。時年十五。丁亥改元建和。杜喬為太尉。朝野倚望。冀誣李杜與妖賊交通。逮下獄死。庚寅改元和平。辛卯又改元嘉。是冬帝感寒疾。發熱不止。太醫調治無効。廣徵良醫。傳驛赴京。有舉長沙太守張機。深達軒岐。剋期召入病經十七日。機診視曰。正傷寒也。擬投一劑。品味輒以兩計。密覆得汗如雨。及旦身涼。留機為侍中。字仲景。初得陽勵公之傳。見刺改日非。歎曰。君疾可愈。國病難醫。遂掛冠遯去。隱少室山。著金匱玉函諸書。陽勵復來引去。霸陵韓康字伯休。少明醫道。就治者甚衆。康隱名姓。常採藥名山。賣於

亭長

使者

臺佟

刺史

長安市價不說二三十餘年治者輒愈一女子疑其神効怒其守價謂之曰君是韓伯休耶乃口不二價康歎曰吾欲避名今區區女子皆知有我何用藥為遂遯入南山博士公車徵不至帝聞其名以玄纁安車聘之康佯諾自乘柴車冒晨先發亭長以韓徵君過此方發人牛修治道橋及見康幅巾柴車以為田叟奪其駕牛康即釋駕有頃使者至知之欲殺亭長康曰老子與之非奪也亭長何罪乃止明日康從中路逸去鄴人臺佟字孝威曾為侍中退隱武安山中峰則穴而居採藥魏郡刺史執棗栗為贄見曰居身甚苦如何佟曰幸得保終正性存神養和不屑營於

丘訢　郡守　樂長治　戴孟　毛伯道　劉道恭

世事恬泊自得不苦也如明使君綏撫牧養夕惕匪忒反
不苦耶刺史大歎而去扶風丘訢字李春少有大材傲世不
與俗人爲伍郡守召始見曰明府欲臣訢耶友訢耶師訢
耶尊寵極於功曹榮祿已於孝廉皆訢所不用也郡守遂
不敢屈韓康喜二人高行每與之遊至是康獨至桂陽馬
嶺山求見蘇仙公後二百年復至長安賣藥無有識者帝聞咸武樂長治有
道徵至問其所學對曰我無他惟樂天下長治而已帝嘉
其意授中書侍郎每自言爲戴孟字成孖偶遊王屋山遇四
人問其姓氏乃毛伯道劉道恭謝稚堅張兆期也四人請
問出處孟曰我實武帝時爲侍中本姓燕名濟字仲微入華

謝稚堅
張兆期
燕濟
郭子華
張季連
趙叔達
山世遠

陰山太白眞人授我玉佩金璫經石精金光符修之住世不老與郭子華張季連趙叔達山世遠輩遊處四人詣而跪曰叔達吾等之師嘗言及道翁與東郡郭公暨泰山張巨君隴西山公圖為友聞名久矣但未聆教尊行耳我師今在此山道翁欲會否孟欣然前行將至洞口叔達已迎門呼笑相携入洞叔達名斯東郡人少躭道術遇卜算子郭子華謂曰欲入天門須修三關存朱衣正崑崙叔達請其要旨因與素書一卷是胎精中記叔達拜受修之畧得其旨復受教於邯鄲張先生挹日月之景服九雲明鏡之華遂得道其所存明鏡非世間常物也經之以天地參之

以三先
奉勅降魔且以殺戮過多遲證仙班復使重加靜鍊始
得上昇當知殺業等於須彌能戒殺者仙得過半矣
魔君肆毒津津為惡趣而天每不之較自有正人降之
也正人適所以代天行事然不失天之本意斯為當
伯休以婦人知其名遂深遁入山古人之隱不特不欲
人識其面并不欲人知其名此之謂眞隱
此以戴孟一人引出毛劉謝張趙等又轉入天師證位
中間帶出藐姑麻姑方平起伏照應有烏起鶻落之妙

趙昞

○○趙威伯揖脯疑友　○○○鍾離權燈引逢師

後入向曲華陽大內爲保命丞初平間在王屋得此四人爲徒今見戴孟因出河圖示之內有云吳楚多有得見太平者乃語諸弟子曰此語不虛此驗不久吾將避入此地矣設山肴數色共酌蘭漿豪談既久叔達素善歗酒酣鼓掌歗歌聲若衝飈之搏擊長林衆鳥羣鳴天際須臾歸雲四集零雨其濛相聚數日孟別去不復歸朝南遊中嶽後得師李先生受步七元之法道德彌高叔達欲南行因改名昞字威伯以神丹之方傳與四徒欲踐實地行去買舟乘之舟人不許乃張蓋坐舟中長嘯呼風亂流而渡舟人始

僧傳載趙炳能枯木生黃茅屋[illegible]事蹟異各戶

驚服遊至東陽遇張巨君過舟叙談爲之酒肴具供遂與舟子借楫解囊取瓢便酌河水爲酒削木楫爲脯招舟子共享三人皆得醉飽少頃視之楫則猶是也晒擔囊就陸別去至長江渡頭求船不得布席於水如駕帆焉須臾登南岸擇居赤山其時深秋木落風勁草枯見此蕭條風景歎曰吾聞春色先歸江南今小春天氣一陽將回寧不能先時而至耶對枯樹呪之即生花蘂滿山仙李碧桃白梅紅杏爛熳如艷陽時候附近多彈人猛獸晒以氣禁法治之禁人人不能起禁虎則伏地低頭咸如縶縛者於是一方敬服之毛劉謝張同在王屋三十餘年得受丹方共修

淳于叔通

踰年丹成伯道先服即死道恭服之亦死稚堅兆期不敢再服棄藥而歸未出山忽見伯道道恭各乘白鹿在山頭有衆仙童執節侍從二人悲愕悔謝伯道不顧而去道恭授服茯苓方亦去謝張聞魏伯陽有周馮二徒始因信道不眞其後研究參同契勵志自修終得出世謝張欲購此書聞青州徐從事能註其義東行訪求不値有謂與魏公去遊會稽矣二人復往南尋之伯陽歸故鄉遇同郡淳于叔通喜其靈慧以參同契與觀叔道讀而贊曰其說似解周易實假爻象以論作丹之意公誠爲萬古丹中王也伯陽曰修丹與天地造化同途故託言之耳更傳以口訣往

劉道偉

邀從事相將入綠蘿山(在朗州)桃源深處作煉道成出遊路遇謝張魏公知其來意令叔通註五相類之義授之三人攜手而去謝張探得其旨發憤苦修始得度世會見毛伯道問以不顧之意曰此季子激餘子之術不然汝又生退悔二人謝服劉道恭既得道志願高大改名道偉復入嶓冢精修積二十年遇宛丘先生來拜求其道先生試之將一大石約重萬觔以一白髮繫而懸之使卧於其下道偉神色無異心安體悅又十二年先生復來賜服輕舉神丹帶昇天界謂曰凡昇天者必先謁三天大法天師然後上朝玉帝於是同詣正一眞人關天師聞與宛丘同來即出

相見明日引入仙班朝見上帝天師即道陵也於桓帝永
興元年自蜀遷至蘄春玉臺山一名鹿堂與王趙修煉辟瘟神
丹藥救此一方疾者丹井尚存又於平蓋山合九華大藥分餌諸
弟子眞人在蜀常與鬼谷先生交遊聞先生有山洞在近
南遊餘汗訪之至仙巖七十有二十四[illegible]
凡榻禽鳥之狀眞人幽賞未已先生率諸徒迎邀其洞者
晦入必以燭眞人呵神燈照之周四五里可容數千人旁
有一洞洞口狹小遶還見林木室廬儼然如村落上有蘇
秦臺張儀井館勝眞人歎羨先生曰此去有座靈山非道
高德厚者不克居也眞人即求引去既至但見兩石對峙

王方平

如龍騰虎踞之狀眞人登山之巓探深洞得異書皆雲文丹篆鬼谷讀之內有云此上清宮福地世爲張道陵所居鬼谷賀之曰非眞人何能當此忽山腰一人步至大呼曰誰竊我山洞將占奪乎鬼谷笑曰竊姑何太輕人耶姑太居北方奉來遊此其山突起巍然如象故名象山中有良田淸地無異平野姑愛之修煉於此（有不如人坐世稱白石夫人祈嗣多應即姑之靈蹟）姑曰天台三子稱孔生東海爲王方平吾女徒麻姑遊行蓬島西回因見其意氣結爲兄妹常作伴出遊經年不返今去已久待回時便歸舊廬數日前已有神人降言有眞人替爲來居左右五百里散仙不可親傍恐眞人不

永壽

張申

王昇

李忠

時俯臨侍從人員車馬龍虎衆多傳呼驚叫各不寧靜故
將捨此而去二眞謝別道陵即遷眷屬東居餘汗龍虎山
中諸徒散居附近眞人謂我自靜物能擾我耶於乙未永
壽元年正月七日五更之初長昇見一人駕雲大呼曰道
陵功行已就將授秘籙言訖老君駕龍輿至命眞人乘白
鶴同往蜀之成都老君降輿地湧玉局而坐謂曰子既爲
保舉度師所授三百人道法惟三人係代行治眞人請示
老君指曰張申王昇李忠也眞人即招出拜見同聆妙義
老君重演正一盟威之旨說北斗延生經南斗長生經然
後昇與四駕眞人悉以經籙玄秘授三子欲顯神跡乃於

雲母臺西北半崖間投身躍入石壁自崖頂而出因成二洞今崖半曰峻仙洞崖上曰平仙洞時南陽徐道季少住鵠鳥山(即鵠鳴山)靜悟眞道數年不懈眞人憐其誠往謂曰夫學道者當巾天清詠大歷跡雙白徊二赤此五神道之秘事也大歷者三皇文是也道季遵修之後竟成道明年九月九日眞人遊巴西赤城渠亭山上帝遣使者持玉冊授正一眞人之號諭以行當飛昇眞人乃以盟威都功等諸品秘籙及老君所授三洞經籙斬邪二劍玉冊玉印授長子衡戒之曰吾遇太上親傳至道此文總統三五步罡正一之樞要世世一子繼吾道脉不得妄傳謂長昇曰吾有

十張奐
韓韶
荀淑

餘丹可分餌之當隨吾上昇亭午羣仙儀從畢至玉女引雍夫人與眞人乘黑龍紫輿天樂擁道王趙侍於駕傍白日昇天雲臺峯上（在閬中一名雲代治）拜跪而送者萬數眞人在人間一百二十三歲時丙申二年秋也眞人證位三天輔元大法天師夫人爲上眞東岳夫人嗣師衡襲教居陽平山精修至道不與物接歲以經籙授弟子克彰正一之道言約理明化及西南諸夷遠近景從是歲南匈奴左薁鞬叛帝遣張奐擊破之羌夷盡降泰山琅琊賊聚衆三萬擾川韓韶與同郡荀淑鍾皓陳寔皆爲縣長所至以德政稱就扣戎不入其境時謂潁川四長丁酉三年西華人寇鳥（一名思）

鍾皓　陳寔　烏思藏　鍾離簡　鍾離權　鍾離章

藏即吐蕃本羌屬凡百餘種散處河湟江岷間爲漢之患中郎將鍾離簡舉弟權奇才神勇徵拜爲大將命征吐蕃其先雍州渭城人即咸陽父章於元初中爲征北胡有功封燕臺侯作宦雲中誕生權時白晝有一長人云是上古黃神氏當托生於此大踏步入臥房見異光數丈若烈火侍衛皆驚其日乃四月十五生下不聲不哭不食至第七日躍然而起曰身遊紫府名書玉清一作玉京其音如鐘生得口方額廣耳遠臂垂狀如三歲兒章愛護若罕世之珍初東國公以爲易號遊行無補於世矢志廣立功行必須受胎入脩本真不涸爲上耳乃托生於青州爲王氏子六月十五日

王玄甫

東華子

白雲真人

東華帝君

紫府少陽君

將產時紫氣燭天光華半壁生有奇表幼慕眞風取名誠字玄甫聞誕時異乘道號東華子適金母往會木公號曰白雲上眞見玄甫異之曰天生謫仙人也遂引之入室授老子之青符玉篆金科靈文大丹秘訣周天火候東華拳拳服膺三年精心盡得其妙退居於崑崙之左烟霞洞頤神養浩久之結庵自居纂額曰東華觀韜光晦迹復徙代州五臺山之陽有紫府洞天在人間二百餘歲殊無衰老之容開闡玄宗發揮妙蘊陰功濟物玄德動天天眞賜號東華帝君既號紫府少陽君所有聖蹟不能具述因見祥光發於至近出山至燕臺侯府索兒相視歎曰特緣未至也拂

袖別去此兒自幼知識輕重因名權及壯臉如丹塗俊目
美髯身長八尺仕爲諫議大夫兄簡每知不及遜讓爲侯
至是薦之爲將奉詔北征梁冀忌之發羸卒二萬權怒不
欲行恐違君命怏怏而去纔至羌人乘夜劫營軍士盡散
權獨騎奔山谷迷道深林有燈光透出近視之一胡僧鬚
頭拂額體掛草衣垂頭趺坐於燈下權牽馬叉手告以失
利之故僧起身攜權引行數里至一村庄指曰此少陽君
成道處可息於此遂揖別權未敢驚動庄中屏息立俟良
久聞人語云此必碧眼胡僧饒舌也權側目視之一老人
披白鹿裘扶青藜杖抗聲而前曰來者非漢將鍾離權耶

黃龍誨機

賢明

覺寂道

和谷子

權應曰是老人曰汝何不寄宿山僧之所而顧袁朽權大
驚知是異人是時方脫虎狼之穴遽有鸞鶴之思即伏拜（回頭是岸）
哀求度世之方老人不吝慨然以長生真訣及金丹火候
青龍劍法令退去權拜受請問姓氏老人辭以再會去知
及問山僧之名老人曰黃龍誨機也權告辭出門回顧莊
居忽不見權念兄簡在朝恐為已得罪乃奔回雒陽潛入
兄府泣訴以兵敗同簡慰曰休矣今梁氏肆惡朝政日
紊我久不欲立於亂邦棄此微祿若殘羹耳遂同權藏身
避入華山三峰權以所得之道授兄春悟自改名覺字寂
道號和谷子乃束雙髻髮衣槲葉自稱天下都散漢東遊

奉山遇華陽茅眞人入朝東嶽伏道拜迎求其道要茅君扶起見戴至山宴飲謂之曰子之根氣深厚非比凡流何慾眞道難得茅君即以李眞多所授太乙刀圭火符之訣

正陽子出傳謂之曰學仙者以陽氣爲主子當號爲正陽及聞上仙王君在山因請一見即是山庄老人玄甫復傳以貞元永命之秘於是洞曉玄玄退而雲遊至魯居鄒城年餘入

雲房出崆峒謁見老君賜號曰雲房出丹藥食之後於紫金峯會見四皓始知本師是東園公綺機是夏黃公所化也四皓各奉以玉匣秘藏眞訣雲房歸華山見兄簡所授眞訣鍊就遂共服金丹便能昇天入地雲房常於晉州羊角山駐

華子期

足欲以道德度世遍訪有緣時四皓復聚一處為禪為眞
遊行江淮之間有淮南華子期[illegible]四人貌服奇古必是神
人竊尾其後直至閬地漢興山中東夏二公同綺里飛昇
天柱大王峰住會司命魏眞君邀入玉清洞筵宴談及各
處風景眞君亦欲遨遊塵寰子期乘舟里獨[illegible]山巖奔往
哀求其道願拜為師先生曰我[illegible]行踪無定聚散不常從
往何處去我憐汝有心來意誠[illegible]授汝隱仙靈寶方一曰
伊洛飛龜秩二曰伯禹正機三曰平衡方比皆修道之階
梯汝且奉之於當度世少頃二至子期遊去先生復遊
稿李愛東門朝市遂留寓數年舟街三皓已自他適子遡

第七節 八

殷公 殷母 張母 羽

遂於漢興山洞依方修煉畢能日以還少一日能行五百里力舉千觔一歲十二易其形十易其皮後復遇先生因茹芝歸山復服以成丹携之仙去初魏子騫別大魚姬同張湛暫遊人間商所向之處張母常於邯鄲寄足因勸魏君牧遊魏君欲托體以為行樂君曰願從至鉅鹿南和有一殷姓貴豪好善積德暮年無子行善之心愈篤魏君於是降投其家殷母有孕臨期産下一兒便開目視母大笑母怖懼以為怪欲棄而不育隣家張母亦懐孕將産夢有大冠赤幘數人守護殷家兒言司命君偶來降此汝能諭後善撫無害後日當報汝恩使汝子亦羽得仙隣母至

殷司命

秦女

二子

明即往殷家探視產婦告其所以殷翁夫婦即愛養如珍寶取名司命未幾隣母亦產一兒遂字爲木羽司命年十五殷翁急欲延嗣即與之婚配近處秦氏之女明年雙生二子一旦有車馬來迎司命登堂拜別父母曰兒閭中魏眞君也爲翁仁厚故來假館盛蒙恩養十六年無以爲報特廣衍翁之嗣續耳兒去後愼勿悲念只以二小子爲顧可也謂秦氏曰卿有仙骨可隨歸玉清令同坐乘輿殷翁殷母涕泣送別司命過隣家呼木羽來爲我御木羽即張湛也遂俱去隣母孤窮常悲慼張君暗令鸛雀旦旦啣二尺魚一尾置母戶上母自此有賴日食其半留其餘以供

明日常積而賣之或易薪米度日如此五十餘年母至百歲乃終里人知是仙眷

且棺葬於百花山有張母家殷氏二子不三十年發至數十丁其後子孫最盛司命君歸聽大魚姬言梁冀謀陷忠良朝臣咸畏其荼毒姬曰予必有以報之少為漢家洩忿攘臂而興藏鋒於容

謝張之惶惑幾乎自棄與鬼谷之儀秦伯陽之良樊事實相類故得相遇以證道非述者之有心也然諸子終賴師友引歸猶念其初誠而不忍置耳

鍾祖入道深得乎梁冀之力若非兵敗逃生何能回頭及蚤故凡遇逆境皆出世之機緣也

萬皆春　延熹　單超　骨鯁之臣　陳蕃　徐穉

○見機智士甘肥避　○○救旱龍神受大屯
時有相士萬皆春曾學術於金城牟公善覷氣色偶遊都
門望見梁賊退朝拍手曰死期近矣左右執欲殺之皆春
請俟三日冀令拘於耳房時己亥延熹二年帝與中常侍
單超等定議誅冀冀驚慌正食魚鮓欲啟口忽骨刺於喉
嘔血而死其妻壽諸子無措皆自殺衆集問皆春何知嘻
嘻不答而去詔以黃瓊爲太尉尚書令陳蕃疏薦豫章徐
穉等五處士安車玄纁徵之皆不至東海王遠字方平順帝
朝舉孝廉除郎中稍加至中散大夫博學五經兼明天文
圖讖河洛之要逆知天下盛衰之期九州災異之事見冀

室將類、乃隱歸我遊、桓帝聞其名、遣使連徵不出、後使其國遍載詣京問之、方平不肯答詔、乃題四百餘字於宮門上、皆紀將來之事、帝使人削之、外字適去、內字復見、墨皆深徹入木、時冀雖誅、權勢專屬宦官、方平見時勢皆非、後

黃景華

道去、偏召不見。黃瓊有女名景華、幼耽仙道、常密修至要、不願字人、後師韓終、得受岷山丹方、修而服之、常合藥以益父壽、至是先期屍解、甲辰春、瓊卒、（年七十九）屍香透木、始知其在家道士也、名士會葬者七千人、

楊秉

常以楊秉爲太尉、（震之仲子）、

劉寵

乙巳秉卒、以劉寵爲太尉、是秋、

劉寬

徵劉寬爲尚書令、（字文饒、華陰人）慈不形色、口無疾言、好行陰德、嘗極貧困、有青谷先生

臨沔老父

張温

永康

靈帝

建寧

者（即宛丘生）降於寢室言能修行九息服氣之道起鍊爐火大丹服之因授寬以杖代鞭解之法居寬家數日辭去入太華山後寬出守南陽凡吏民有過但用蒲鞭示辱而已歷典三郡咸稱仁君（遷司徒太尉年八十餘無疾而終家人舉屍入棺惟有平日所扶拄杖）帝幸竟陵過雲夢臨沔水百姓莫不觀者有老父獨耕不輟尚書郎張温下道百步而問老父曰予之君勞人自縱逸遊無忌昔為子羞之何忍欲人觀乎温大慙丁未夏大赦改元永康臘月帝崩（在位二十一年壽三十六）帝無子迎解瀆亭侯萇子宏立之是為靈帝（時年十二）以明年為建寧元年竇武為大將軍（字遊平融之耳孫長女后揰帝）時為太后臨朝毋初產武并產一蛇

竇武　竇太后　李膺　曹節　竇瓔英　傅禮和　傅建

投之林中，母卒，有大蛇遝至喪所，以頭擊柩，若哀泣者，少間而去。時謂竇氏之祥。武與陳蕃同心，以獎王室，徵名賢李膺等共參政事。中常侍曹節等諂事太后，矯執陳蕃殺之。度遼將軍張奐還京，節矯制率羽林從圍武第，武自殺。其宗屬悉收誅之。武妹瓔英好道，出家深棲幽谷，得免其難。宦奴遷竇太后於南宮。桓帝有甥女傅禮和，侍中傅建之女。北地。舉家奉佛，禮和常灑掃佛前，勤勤祝誓，心願仙化。時服五星之精，身生光華，善為空同之歌，歌則禽鳥集舞。每自謂南宮謫仙。及聞太后被遷，願請入宮為伴，因教太后辟穀煉氣，漸自身輕如翼。太后日求出世，一日忽有

張儉
范滂
郭泰
申屠蟠

二璽鳥飛集於前禮和扶太后上騎自亦跨上一頭飛出
禁門往尋寶璎英同居靜煉後皆仙去己酉二年中官上
書告張儉與同鄉諸人別相署號有八俊八顧八及等稱
共為部黨圖危社稷詔刊章往捕今之標榜李膺被考死范滂
自詣獄凡死者百餘人牽引死徙廢禁六七百人太原郭
泰聞而慟泰字林宗少以孝聞審於臧否人物知無名中六十餘人不
為危言激論故處濁世而怨禍不及以母喪歸隱與徐穉
申屠蟠更善蟠字子龍外黃人初見滂等非許朝政歎曰戰國處
士橫議卒有坑儒焚書之禍今將復見矣乃絕迹於梁碭
間因樹為屋自同傭人二年滂果罹禍而蟠超然免於評

袁閎　朱寓　張桃枝　二孫　夏馥　祀　杜康　杜茂才

論汝南袁閎因黨事築土室四周自牖納飲食潛身十八年卒於土室、司隸校尉朱寓字季陵沛人與八俊之列往與李范等下獄死其母張桃枝素有前知預領二孫遠棲碭山潛身修道至是祖孫得全常令二孫往師申屠蟠託其教誨桃枝一日無疾坐化世以為仙去入饋中夏馥字子治陳留人博通今古品行高卓曾為太常未幾隱去好道常服朮和雲母至老不衰人問其故馥曰有赤須者云是秦時主魚吏數言鄴界災害甚驗先有汝南袁祀從之學醞釀之法祀仕漢為陽羨長建長橋以利因轉教延陵杜康造煮酒甘美異常涉邑人至今祀之世皆尚之康弟茂才傳其法亦能造濁醪今人悞傳為杜茅柴江陰

◎孔融
◎孔褒

承大葬地即
其弟孔宅甚褒玘知漢室將亂自造佳釀日飲不與世事
常言死後當爲神一夕痛飲而卒家人殮入棺忽風雨起
遂失其棺鄉人夜聞荆溪之南山中有數千人繖聲見玘
棺在焉奔報玘家共往視之已成大塚矣俗呼棺山銅余聞其
異乃往迹赤須先生師之受其業先生常食松實天門冬
石脂等物見其齒落更生髮白復黑後往吳山即穹窿山不知
所之故得其服食之品稍有益於身耳衆始知其有道及
鈎黨事發馥聞張儉逃匿於魯國孔融家孔子二十世孫後累融
孔褒坐罪死乃歎曰孽自己作坐污良善何以生爲遂自
剪髮變形埋名隱姓避入林慮山復入吳尋赤須傳其煉

第八節 四

倒出申屠孝行、亦補筆之法、

（二）緱女玉

（一）濟陰王子居

妖孽

熹平

魂要法、又遇天台王五眞人、得黃水雲漿法、此至梁碭、遇同郡申屠蟠、蟠九歲喪父、盧於墓次、有白雉甘露之祥、除服後、不進酒肉十餘年、里人咸稱其孝、博貫五經、兼明圖緯學、無常師、少有名節、諫救緱氏女玉爲報父讎之死、步負濟陰王子居之喪、故夏馥敬之、遂以方與蟠共合服之、爲地行不老之仙、已酉夏四月十五日、有青蛇長二十餘丈、見於溫德殿御座上、須臾雷雨冰雹、大風拔木、至半夜方止、東都城房屋壞者千餘間、張奐上言、蕃武忠貞、以謗受戮、災眚之來、爲此、帝深然之、奐遂乞歸酒泉、辛亥、雒陽地震、海水漫溢、壬子、改元熹平、乙卯春、詔諸儒正五經文

邕
融
矯愼
蘇章
吳蒼

字命議郎蔡邕爲古文篆隸三體書之刻石立太學門外邕素重馬融（字季長援之後）歷守南郡爲忤梁冀免官茂陵矯愼（字仲彥）少慕喬松導引之術隱遯山谷與馬融蘇章（字孺文冀州刺史）鄉里並時然二人純遠不及愼也汝南吳蒼甚重愼遺書覩其志

蓋聞黃老之言乘虛入冥藏身遠遁亦有理國養人施於爲政至如登山絕迹神不著其證人不覩其驗吾從先生欲其可者於意何如昔伊尹不懷道以待堯舜方今明明四海開闢巢許無爲箕山夷齊悔入首陽足下猶能騎龍弄鳳翔嬉雲間者亦非狐兔燕雀所敢謀也

馬瑤　盧植　鄭玄

慎不答年七十餘竟不肯娶過驪姥責數曰子居谷絕羣以為道乎授以眞訣後忽歸家自言死日及期果卒有人又見慎於燉煌同郡馬瑤者久事慎得傳隱於汧山以兎罝為事所居俗化百姓美之號馬牧先生馬融凡事焉融高才博學世稱通儒涿郡盧植從學融語以春秋大義高密鄭玄字康成崇入世孫易理未通入關從融三年不得見令高足傳授融算渾天不合諸弟子莫能解聞玄有心計召令算之一轉便决衆歎服始得面授玄辭歸融曰鄭生去吾道東矣公府前後十餘辟玄並不就戊午光和元年夏侍中寺雌雞化為雄秋青虹見於玉堂殿江夏黃毋浴而化

呂彊

三代

張魯

張衡

張傀

王蘭

為龜入於深淵其後時出見初脅一斂猶在其首種種不祥帝憂懼詔問消復之道蔡邕對言蜺墮雞化皆婦人干政所致曹節譖邕忤旨當罪死中涓呂彊惜其才請從朔方帝聞嗣師張衡有長材知未來事詔徵為黃門侍郎衡辭不就隱居陽平當以忠孝導民君子謂其有繼宗開緒納俗安善之功衡初聞盧氏女貞靜告知父母娶為妻生三子名魯衡傀一女名玉蘭女幼而潔素不茹葷血年十七歲夢赤光自天而下光中金字篆文繚繞數十尺光隨入其口覺不自安遂有孕母氏責之終不言所夢唯侍婢知之謂曰吾不能忍恥而生死而剖腹以明志其夕無疾

而終悼白其事毋不欲違冀雪其疑忽有一物如蓮花自腹而出開其中得金書本際經十卷素長一丈許幅六七寸文明甚妙將非人功蘭死旬月常有異香乃傳寫其經而葬百餘日後大風雷雨天地晦暝墳壙自開棺蓋飛在巨木之上比止視之失經及屍空棺而已益州溫江縣有女郎觀三月九日飛昇之期鄉里常設齋祭光和二年正月二十三日嗣師遍召諸人謂曰將有同姓妖人出一時邪正莫辨汝當自持之即以印劍付長子曾曰汝祖以天地為心周行除妖孽之害民者是以親遇聖師建立大教嗣吾教者非誠敬無以立道德非忠孝無以事君親汝其遞相傳授世承之倫代遵成

張角

南華老仙

訓遂率諸弟子拜曰祖師志願弘搏因家立教水世為宗緣與道符身為法嗣承先啟後厥任為難敢不祇勤用弘玄化言畢與盧夫人躋陽平山峰白日昇舉有司奏其事帝深歎羨時鉅鹿張角造及部下巾都着黃號黃巾賊州縣申文告急角初學老莊入山採藥遇一老人碧眼童顏手執藜杖喚角至洞授書三卷名太手要術囑以代天宜化若萌異心必獲惡報角拜求姓名曰南華老仙也投澗水不見角得書攻習能呼喚風雨號太平道人熹平間疫毒流行角以九節杖咒符水施散療病愈者使出米五斗號米師衆稱為大賢良師徒五百餘分遣救病轉相誑誘

中平

皇甫嵩

朱儁

曹操

惡者競師之十餘年間徒衆數十萬於甲子中平元年角遂倡亂自稱天公將軍所在官吏逃竄詔遣盧植皇甫嵩朱儁分路討之嵩遇黃巾於潁川戰敗適騎都尉曹操至合擊破之操字孟德沛國譙郡人父嵩實夏侯氏子繼於曹氏爲參二十四代孫少機警有權數舉孝廉爲郎嵩儁令引兵追襲操欣然去桓帝時河東連年大旱僧道多方祈雨不應蒲坂居民聞雷首山澤中有一尊龍神相傳亢旱求之極靈集衆往跪泣告老龍憫衆心切是夜遂興雲霧吸黃河水施降明且水深尺餘凡下土人民奢侈之極天必降以飢饉淫佚之極天必貽以疫癘一人嗜慾奸謀獨遭水火一方相沿侵奪咸受刀

○○普靜

開道遠

開門之

兵上帝方惡此方尚華靡暴殄天物當災旱以彰罪譴而
老龍不秉上命擅取封水救濟過民上帝令天曹以法劍
斬之擲頭於地以警人民蒲東解縣有僧普靜見性明心
結廬於常平溪西聞空中雷霆在白籐床上尺稱可惜晨
出視之溪邊有一龍首即提至廬中置合缸內為誦經咒
九日忽聞缸中有聲啟視已無一物而溪東有呱呱聲發
自開道遠家普靜知其故拄杖過訪道遠夏直臣能逢後世居解
梁常平村寶池里父名審字問之號石磐沖穆好道博覽羣書習
左氏春秋見漢政衰絕意進取去所居五里許得芩湯一
片誅茅絃誦隱居訓子永壽三年卒壽六十八葬條山之

淹芳　關長生　胡夫人　關平

麓道遠名毅克纘父學父卒廬墓終喪延熹元年始歸庚子三年六月十五日忽快雨如駛一黑龍現於村旋繞道遠之庭有頃不見夫人淹芳方娠至二十四日產一子啼聲遠達普靜索觀抱與視之豎眼攢眉超頦長面遍體如噀血普靜點頭曰忠義性成神聖之質囑善撫育自此雲遊他去夫婦欲其子易養乳名壽幼從師受學取名長生及長膂力敵萬夫讀書明易象尤好春秋娶妻胡氏於光和戊午歲五月十三日生子名平（俗傳平爲繼子及年月日俱非）次年謝父母詣郡陳時事不報歸途一梢士目之曰君稟乾坤正氣後當血食萬年何論名業邪神揖也言畢而去追問之

羽雲長

郡猾

劉焉

劉備

已咸武戴成子偶遊王屋耳未幾長生父母繼喪家貧無
力營葬遷以斷井作窆而葬焉每念及之淚泗交下逢時
祭祀誠敬如在後自名羽字雲長以寓遠舉之意身長九
尺五寸鬚長一尺八寸面如熏棗唇若抹硃丹鳳眼卧蠶
眉因止旅店聞隣人哭甚哀叩之乃貧者遭郡猾豪霸倚
勢欺侮羽不平眦裂鬚豎命其指猾處白晝提刀殺之有
司追求之潛引去胡夫人抱平匿母家得免羽避難江湖
轉徙三載時黃巾四起乙丑春幽州太守劉焉招募義勇
羽往投至涿郡於村店遇一人番手下膝顧目見其耳問
姓氏劉備也字玄德中山靖王勝之後勝子貞封鹿城亭侯

遂家於涿縣宣哲維人克昌厥後
五處士高隱林泉不就徵聘不安交遊黨禍不及可謂
潔身避亂者矣若方平爲郡國逼載京師題字而去其
始非不能拒也特以神仙遊戲行止自如故不妨來而
復去
諸名士非許朝政互相標榜無補時事徒取喪身較諸
申屠蟠夏馥瞠乎後矣
關夫子未出世時即爲救人被難具此慈心焉得不超
凡入聖

劉雄
劉弘
李定
劉德然
公孫瓚
張飛

○○○降吳郡遡度蔡經　○○○會青城議延漢祚○

劉備祖雄父弘會舉孝廉爲郡吏備幼孤事母至孝家貧販屨織蓆爲養所居樓桑村舍東北角一桑高五丈童童如蓋楣者李定曰此家必出貴人備與羣兒戲於樹下曰我爲天子當乘此羽葆車蓋年十五母使行學與同年劉德然遼西公孫瓚師事盧植中平二年涿郡招軍備因看榜得遇張飛字翼德豹頭環眼燕頷虎鬚頗有莊田屠沽爲業即邀至村中復遇關羽關張見備有大志遂委質焉於桃園祭告天地結生死交往見劉焉焉令禦敵破之青州告急備與賊衆驚潰備聞盧植取回問罪遣中郎將董

董卓

趙弘

孫堅

孫鍾

三皓

卓來代遂北投朱雋皇甫嵩與曹操追捕張角已死操除濟南相詔朱雋討餘黨趙弘於南陽吳郡孫堅字文臺武子之後其父鍾居富春種瓜為業三道人造門自稱三皓乞瓜解渴鍾即摘進之食畢曰承子殷勤當示葬地以報招鍾至桐溪烏石山指畫點量曰隨我下山百步吉穴也但勿反顧鍾從行不六十步後有簌簌聲回視之失道人所在惟三白鶴冲飛認其處歸遷母柩葬此遂生子堅堅母將產之夕夢腸繞吳昌門憂問隣母隣曰安知非吉徵也堅淵面熊腰黃巾起聚鄉勇及淮泗精兵討賊至宛朱雋令與脩攻城堅先登刺死趙弘雋表堅除別郡司馬脩授安喜

(1)陳躭

縣尉脩謂闞張曰少遇一道者云得龍鳳羽翼可升騰變化未幾飛鞭督郵脩掛印綬回涿公孫瓚表脩前功守平原縣令丁卯四年前太丘長陳寔卒海內赴弔者三萬餘人故太尉陳躭流涕終日躭聞宦官專擅將挺身往諫拜辭平日供奉之師即同郡王方平方平於桓帝時題字宮門復歸東海無復子孫鄉里躭知其有道爲架道室旦夕禮敬不懈躭家三十餘年絕無疾病死喪僕婢皆安蠶畜繁息躭欲入朝方平語曰吾期運亦當去明日日中先發躭驚叩不答至明午方平忽死躭悲啼歎息曰先生捨去我將何怙具棺器焚香就床上衣裝未敢殯殮三日失屍

蔡經

所在衣帶不解去後百餘日舭不復入詠亦無病而卒方平東過吳郡胥門胥盤之交有仙人塘即王麻降蔡處廟貌存焉見小民蔡經骨相當仙降其家曰生命應度世故來取汝補一官僚然少不知道氣少肉多未能即上天去當作尸解如從狗竇中過耳告以要言乃去經忽身熱如火欲得水灌之如火燋然三晝夜消耗骨立入室以被自覆衆視被中唯頭足皮毛具如蟬蛻後十三日還家語曰七月七日王君當來可多作飲食以供從官至期經家借甕器作食飲百餘斛羅列庭中少頃果聞金鼓簫管人馬聲比近皆驚及至經舍方平著遠遊之冠朱衣虎頭鞶囊五色綬帶劍面黃色

㊉鼓吹

㊉從官

∴經父

∴經母

∴經兄

∴經弟

小髭長鈕道、乘羽蓋之車駕五龍龍各異色前後麾節

播於、導從威儀奕奕如大將軍鼓吹皆乘麟懸集於庭從

官皆長丈餘既至隱去方平獨坐經引父母兄弟見方平

遣人問麻姑云方平敬報久不遊民間今來此姑能暫來

語否有頃使還聞空中答云麻姑再拜不相見倏四十年

餘尊卑有序修敬無階知駕在通當躬到而先被詔按行

蓬萊欲暫往便還覲覲願未即去耳兩時間麻姑至亦先

聞人馬之聲從官半於方平經家都見是好女子年可十

八九許頂中作髻餘髮垂至腰衣有文章而非錦綺光綵

燿目入拜方平爲起立坐定各進行廚皆金盤玉杯香氣

弟婦

○經家人

達於內外擘脯而食云是麟脯姑云接待以來見東海三
爲桑田向到蓬萊水又淺於往日畧半豈將還爲陵陸乎
方平歎曰聖人皆言海中行復揚塵也姑欲見經母及婦
等經弟婦新產數日姑望見知之曰噫且止勿前索少許
米擲之地謂以去穢視米皆成丹砂方平笑曰姑猶作少
年戲耶語經家人曰欲賜汝輩酒出諸天廚味醇醲非俗
人宜飲飲之爛腸當以水和之汝輩勿怪也乃以水一斗
合酒一升攪之以賜人飲升許輒醉姑手爪似鳥經念背
大痒時得此抓之當佳方平已知即使人引鞭之曰麻姑
神人也汝謂其爪可抓背耶但見鞭着經背亦不見有持

三五 陳尉

鞕者復語經曰吾鞕不可妄得也宴畢姑乘雲先去比舍有陳尉者聞經家有神人詣門叩頭求見方平引前與語陳願得隨從驅使比於蔡經方平曰君且起向日立方平從後視之曰噫君心邪不如經之正不可教以仙道也當授地上之職耳以一符并一傳著小箱中與陳言此可以禳災治病凡病者命未終及無罪過者皆可以符活之若有邪鬼血食作禍祟者君便帶此符以勑杜吏當收送其鬼隨輕重治之可也陳後以此符禳治有効事之者數百家壽至一百十歲而殁方平引經囘括蒼山洞建一宅與居之曰隱眞宮

四 餘姚老母

餘杭有老姥少嫁於西湖農家善採百花

釀酒芳平常與經以千錢沽酒飲而甘美其後拉羣仙降
飲其家因授藥一丸以償酒價姥服之化去後十餘年有
人過洞庭湖邊見賣百花酒者即姥也方平挈經遊巴嶽
上有崑崙洞奇花滿徑路過一山自上及下對劈兩開直
若繩引經異之問其故方平曰漢高時分地境巴與蜀爭
界久而不決上帝呼袁公布一朝容霧命巨靈神以開山
大斧劈斷山脈石為之裂巴蜀州郡始判又行至一處觀
其林木幽深夾徑有華楠十數株乃千年之物麋鹿出沒
林間頗與遊人相狎方平喜之欲為別館召吏兵數千一
夜造成官府號紫府真仙之居山曰平都後為伊周子輔漢來攻巴蜀方

平惡聞金戈鐵馬復歸東南居羅浮深處平都山上有仙都觀先是光和初年南宮赤精大仙與太乙眞皇大合西南仙衆於青城山爲去蟠桃會已久後晤未及作彌輪小會爲羣仙盃壽時峨眉赤宮南嶽九疑青溪嵖岈諸山洞幽眞畢集其荒巖窮谷中孤眞獨隱來赴者不計其數玄女帶諸徒偶來遊蜀聞此良會亦來赴之此會非有鐘鼓管絃宰烹肴核但見爐焚栢子瓶插琪花松濤山籟何殊戛玉敲金野果園蔬不羨剝龍炮鳳盤堆芝餌如餐五色之霞碗貯靈泉似吸九霄之露桂丸棗脯製度精工菊實蘭膏生成美品人參果等閒罕見枸杞精于歲方嘗石髓青泥尚云

土産玄霜絳雪信自天來胡麻作飯果然齒頰俱香玉骨爲羹可也心胸皆爽

衆仙眞隨意咀嚼談玄妙間言當世之務有幾位於壬午歲夏初在逍遙山石室聽老君開講會過座中有衣紅紫二人從未識面因問姓氏甯封曰衣紫是巴戎赤斧孝宣時爲此地碧雞祠主簿能作水澒煉丹與硝石服之三十年顏色反少毛髮皆赤後數十年上華山取禹餘糧作餌更賣之於蒼梧湞江間皆呼爲赤道士復遇我九世孫子杜即紅衣者也我因其不肖棄之忽乃立心向道大海前非與道士共上宕山聞其間有丹砂可就以爲煉而宕

⑤漳君明

蜀漢之興

在赤精一

歎、

之長吏預知上山封記不許採取其砂每夜流出飛射如
火柱乃取得煉三年成神砂飛雲服之五年能飛行變化
其邑令章君明亦好道至山相探餌以神砂尚未能解職
精修赤柱却來峨眉尋我留居數年前蘇仙公爲巳功行
未敷辭皇人下山向杳無踪皇人付玉函於二人令尋歸
證道因此會罕遇故挈共赴過此即往也正言間赤精上
仙忽發長歎羣仙齊聲啟問大仙曰漢高除秦滅楚主咸
陽二百年王莽弑篡幾絶光武中興不二百年又將崩裂
宦官內亂魔業外生深爲可憫嘗推漢家運氣其數猶未
遂絶爲得扶餘焰之劉授生民之困者也李八百拊掌笑

曰我輩綿歲月配天地何關於世事復爲塵俗之感乎赤
精正色曰李仙是何言歟世代變遷固爲無與蒼生禍患
坐觀弗援慈悲安在哉八百白悔失言惶恐不已太乙之
衆門人問欲得人輔世有躍然興起之意赤精曰汝等雖
智有餘忠貞未煉必得伊尹周公之賢聖方當此任玄女
目視伊周子低頭不語赤精指之曰世稱任聖此行非子
不可玄女曰漢家薄待功臣宜遭權臣奸竊大仙旣憫下
民厄難欲施濟拔須大威力者方可伊周久處巖谷復往
塵寰第恐昧却前因故爾趑趄當委曲教警覺也鬼谷曰
東園公前過山齋言東南王氣復興鄰人犢子論中原將

盛尉繚即抱琴長往寓襄陽司馬氏惟欲品題當世英豪沉機觀變予初憐孫臏蘇張心性聰明招其遊魂養靜無奈喜於塵俗奔走季子託足頻上荀家爲前不曾輔周誓作王佐只恐不能識透彼奸僞籠絡臏朝江東孫氏當興宗親之誼欲往周旋此子根行稍深俟可脫手時即當召回顧張麗曰身在神馳亦將入角逐之場矣二子微笑涓心術不正自當屏棄先生[illegible]同[illegible]而不忍視其沉淪乃加痛懲令守山後桃園涓深自悔滌故帶至會所使廣見聞時有幾位仙衆皆欲乘時一往稟過師長許其下山度世衆眞談論竟日向赤精太乙謝別各回山洞儀涓於路拜

辭曰孫蘇去久欲探其行止先生笑曰際此鼎立之秋非但君擇臣亦宜擇君而事須愼之於初復謂涓曰今勿貪功刻忌再蹈桂陵之轍先生飄然獨回涓至襄陽見龐家世善且又同姓遂投其家爲子儀奔潁川覔秦適遇徐母有娠乃奪斧而產玄女同中條招伊周至前曰炎漢初興五龍變現古今四方雲擾五帝分爭須見會上諸徒皆欲攀龍拾紫吾子臨世世孤立無助當令風后教子陣圖更修請武當太和眞君授子奇術可縱橫播弄矣伊周拜謝玄女起坐紫雲車將昇天去術者謂曰子功成時步上五丈原乘九秋風可會我於層霄也言畢雲擁而去中條諸子

邀伊同作宴餞行初蘇仙公下峨眉仍至桂陽投胎瞿家
爲兒名武丁生而酷好道術七歲即絶粒惟服黄精熹平
五年年十三便身長七尺爲縣小吏光和三年奉使至京
還過長沙郡投郵舍不及宿於城外樹下忽聞上有人曰
明日向長沙市賣藥去乎且武丁舉頭視之乃二白鶴棲
止及明升翅飛去武丁異之遂入城尋至見二人共罩白
傘身掛藥囊藥瓢而行武丁恭身邀入肆中設食二人不
辭食訖便去曾不顧謝武丁又隨行數里始顧曰子有何
求而隨余不止武丁曰二君有濟生之術是以侍從耳二
人相向而笑遂出玉函看素書上果有武丁姓名乃與藥

蘺林道士 二丸令服之○謡曰君有鳳根當歸尋蘺林道士便還本來也二人別去武丁自此明照萬物獸鳴鳥語悉能解之○自

成仙公 號成仙公到家後縣令復使送餉於府府君周昕有知人之明乃留仙公署爲文學主簿嘗與衆共坐有羣雀栗於

一周昕 得公治長之聰 庭仙公聞之而笑衆問其故答曰東市翻米羣雀相呼往食耳遣人視之果然沈文泰先與萬王同居爲去中嶽採菖蒲寓少室北蘺作三處座床可以棲庇風雨宅形念眞號爲蘺林道士因夜謁武帝致王輿金巾效服菖蒲亦得

曾妙典 仙去後仍同九疑有女冠曾妙典生即敏慧高潔不食葷血十餘歲忽謂母曰旦夕聞食物臭濁願求不食舉家憐

之年二十居家不嫁恒怏怏有出世想時麓牀過之知是
道器乃授以大洞黃庭等經謂曰黃庭經扶桑大帝君宮
中金書誦詠萬遍者得爲神仙但在堅心不倦耳經云詠
之萬遍昇三天千災已消百病痊不憚虎狼之凶殘亦已
却老年永延居山獨處詠之一遍如與十人爲侶輙無怖
畏何者此經召身中諸神澄正神氣神氣正則外邪不能
干諸神集則怖畏不能及若形全神集氣正心清則徹見
千里之外纖毫無隱矣所患不知知而不修修而不精精
而不久中道而喪自棄前功不惟有玄科之責亦將流蕩
生死苦報無窮也進則聖賢墮爲螻蟻

蔡經心正。方平所以度之。陳尉心不正。即不得度。聖人
之欲。修其身。先正其心。心苟不正人道猶未全。何暇言
仙道乎

緱嶺之笙。鵲橋之。駕宴漢武。降蔡經。而何皆以七夕爲
期。此非徒說。成火七返之義。鼎器歌不云二七聚乎。知
道者當熟審之。

彌輪一會。已分鼎足之局。三國英才。皆於此節論定。眞
是乾坤橐籥。

新刻六直汪舜儀評訂神仙鑑二集卷之十

林屋扶樓秘本

汪夏明陽宣史徐衜述

汝南清眞覺始李理贊

○○左元放道師子訓　○○徐太極相識伊周

妙典奉戒受經八九嶷山無爲觀旁玄默棲靜累有魔頭來試堅固不撓道士復授九節菖蒲服之不飢日誦黃庭味其妙義積十餘年有神人來語曰此山大舜所理天地之總司九州之宗主無爲觀歲月既久旋皆朽壞今爲制之可以遂性宴息也一夕觀忽重修妙典遂遷入居焉所近無水神人化一石盆大二尺長四尺常自然有水用之

王妙想

不竭復送大鐵臼一古鏡一大三尺鐘一口形如偃月俱置上仙壇又居十年眞仙下降授以靈藥遂能飛身脫迹所留之物今在觀中仙　時人爲建一黃籙醮於舊居處蒼梧石上有飛昇復迹

梧女道士王妙想自少辟穀服氣聞魯女眞上昇來住觀側朝謁情誠想念丹府歲久感通每至月旦常有雲光景物之異未嘗言之於人如是年餘朔旦遙空有音樂虛徐不下稍久散去又歲餘忽復靈香郁烈祥霧盈庭天樂震動林壑光燭壇殿如十日之明空中作金碧之色烜爚煜眼不可相視須臾千萬乘騎懸空而下皆乘麒麟鳳凰龍鶴天馬儀衛數千人長皆丈餘持戈戟兵仗幢蓋旌旛有

此言惟於
妙想

鶴蓋鳳車導九龍之輦下降壇前羣仙擁從一人羽衣寶冠佩劍曳履昇殿而坐身有五色光赫然妙想即往視謁大仙謂曰吾帝舜也昔勞厭萬國養道此山每欲誘教後進使世人知道無不可得者且大道在於內不在於外道在爾身不在他人玄經所謂修之於身其德乃眞常善救物而無棄物道之布惠周普物物皆欲成之吾覩地司奏汝居此山三十餘歲存念貞神遵稟玄戒汝亦至矣吾昔遇老君示以道德眞經理國理身度人設教爲行化之要修証之本命侍臣以道德二經及駐景九授之而去如是千年或五百年降觀妙想精研其義妙典亦來指教數載

奚文學　李文淵　李阿

有得將欲修制大丹爲飛昇之舉九疑衡陽爲舜成道之所故有道州營道縣等名皆建行祠零陵有奚文學者慈心於物守經不邪於冷道縣舜祠下得玉笙一玉琯一往問麓牀道士曰舜時西王母所獻物也笙爲生育萬品管爲洽和衆音吾子姻緣將至乃先引見魯妙典教與玉妙想相和修道遂水火互煉陰陽交投後俱成大道麓牀知山圖爲周義山已與欒先生證位眞人聞漢中李文淵久在蜀地閒遊接輿同妻居錦屏山上號紫虛上人文淵常親炙之因名阿磬得趺宕之輿與麓牀欲往訪不果近聞師長蘇仙公拔在塵世浮沉若不提省惟恐流而不返乃遊

參長者折
校
上成公
宇吉

四方尋察至潁川聞陳寔韓韶之名惟韶尚在謁叩其學僅以平心恣物廉介持身麗林語以神仙事韶曰雖極羨慕而力未能傳聞北地寧縣一人號上成公者遊行於外既久忽歸語曰我已得仙不復居世矣因辭去家人追之見其舉步漸高直上虛空乃沒因思仙道求或得之然必（何必）入山蹈海我輩衰邁不耐跋涉也麗林聞之疑是仙公隨別去路遇太極眞人嘗在九疑會過問將何往太極曰從西空同奉老君命言焦先久在河東今轉入大江可教還守河湄草廬不使混迷眞性瑯琊于吉其父祖世有小術吉殺生命若精勤修煉踰於前人遊曲陽流水上得老君

三

①劉圖
蕭綦
②石坦
蔛子訓

運書百餘卷修之術法益高老君兩降欲度謂其有犯殺戒故令我寄與一百八十大戒并養生化形金刀尸解之法又有罪福新科還授淮陰善人劉圖事畢復命南空洞也麓林告以韓部所言今欲往求其人太極笑曰吾子悞矣苟不遇我徒費勞苦上成公者初遊鄴郡蕩陰聞天平山延壽宮有碧霄真人蕭綦善吹簫能致鳳鳴意必有道詣山訪之乃即太華中陵王假號遨遊自樂見有人來擾遂冲舉去上成索然而返遇渤海石坦字共孫亦好道結爲友伴遊趙魏諸名山聞齊人蔛子訓無窮道術同往師之子訓是子曾會之公孫臣也坦得其分身法上成受其

步虛條今尚隱河內青巖山何得認爲蘇君蘇君不失本原在桂陽爲瞿姓子號成仙公者是也麓牀拜謝其教別何侯南去焦先復自號孝然居河東太陽鄉人累世見之問年壽云止一百七十常煑白石分與人食味如熟芋朝乏三召不起祭邑爲作焦徵君贊復東隱長江中一山後名焦山草菴被野火燒露處石上冬夕寢之晏如也遭風雪大至袒卧不移人以爲死就視如故日入山伐薪以施人從村頭一家起周而復始人或鋪席與坐爲說酒食先食之不與語若其家無人置薪於門而去連年如此四遠聞其異來求道者二三十人先悉其絜聒終不啟口自作一蝸

作盧淨掃其中太極召西河上諸徒拜送太極渡江會見于吉交與所寄之物復將至淮陰路經江中顧焦山上一人伏石而泣太極怪之下問其故其人曰江都傳陵也敝地世無仙靈幸聞先生有道欣然首從精思熟慮七年一無所得何顏復見鄉黨乎太極雖憫之未知果能堅守乃與一木鑽使以鑽所伏之盤石厚五尺許謂曰若此石穿透汝道成矣陵晝夜鑽之積四十七年鑽盡石穿太極復來曰立志若斯寧有不得道者乎授以金液還丹度世麓牀至桂陽仙公果在府君處及通姓氏仙公遂棄家隨之入山麓牀不敢以弟子相待所有道術悉授之仙公頓悟

王逸

王延壽

引證夢出

樂子長

前因復以醫藥普濟太極事畢南回至桂陽瞿家問之其家正爲災見復見來問怒罵曰吾子被賊道拐去今將解獲究治太極從容曰侍中王逸之子延壽字文考宣城人總角時入魯賦靈光殿蔡邕一見大奇遂焚已稿延壽嘗感夢作夢賦以自勵弱冠墮水死朝士聞之流涕其父以爲天命汝子爲有道者引去何故怨詛耶遂瞥然隱去至山尋見二人告其緣由仙公惻然乃折一枝枯木吹氣變形與巳身舉止無異教回瞿家侍奉待親天年容還本相仙公在世濟治數年所活生靈數萬復東遊至齊有樂子長者性耽道德才高善記述仙公與語投機留養年餘授以太玄

五

○左慈

生符救以五芝之藥體謫其全家長壽因索酒暢飲醉墮酒盆撩起已死子長哭而瘞之三日仙公忽出謂曰子家可飲其酒衆視盆中酒色如丹芳烈無比其家爭飲已罄悉引升岳潛山天柱未幾仙公辭歸峨眉繳旨適雞足山迦葉尊者西朝天竺眞人經峨嵋太乙款留席間見仙公心地清涼慈悲爲念因授無生眞訣邀之同往天竺各乘白龍西去過百餘年始回中夏麓牀既會仙公遂北尋薊子訓至廬江聞有一人姓左名慈字元放道號烏角先生少通五經兼明象緯見漢祚衰頹歎曰官高者財多者殆當世榮華不足貪也推投于訓爲師潛心學道子訓知是膠西蓋公

再世乃以道術悉與之曰與公朋儕耳勿以先後校之自此深明六甲之術能役使鬼神坐致行廚西入峨嵋天柱山拜見馬鳴生於石室泉求得九丹金液經于訓轉與之乞法慈即出經示之薊左遂為切友慈嘗訪侍中徐隨門下停客車六七乘有客欺曰徐公不在慈憣然去客身忽在楊柳杪車中百生荊棘懼而號呼衆客入報隨曰元放也令客逐慈叩頭謝罪衆客還視客車仍安於地無復荊棘遠近聞慈之名從遊甚衆慈欲辭不得乃自毀容易狀一目忽眇一足忽跛就醫者療治三年不痊衆人竊議有疾不能自治未為深有道也相率漸去惟遼東殷植涿郡

李定上虞徐太極揣知先生意久久不去慈乃教三人爲三才之學馗觀夫文定祭地理太極觀人相學成遊行天下太極見麓林疾行日中無影趨前連稱仙長麓林問其相法從來曰吾師左元放所傳道士鮮去土符贈之遂同入岱父山訪慈慈接見與語聞欲會子訓慈曰薊公昨已入洛道長可暫留於此回時得相見也麓林遂居岱父俟之子訓初寓於洛鄉里惟行信讓三十餘年人莫知其有道舉孝廉除郎中從軍北征除駙馬都尉桓帝時黨人議起棄官歸齊故里嘗抱隣家兒遊戲見當夭亡詐失手墜地兒即死隣家素敬子訓不敢悲怨埋之二十餘日子訓

問思兒否、隣曰、小兒相命、應不合成人、思何益也。子訓出
外抱兒還之、其家不信、啟視前所埋者、乃一泥兒長六七
寸、兒後得成器、凡老人鬚髮畢白者、子訓但與之對坐共
食、信宿皆變為黑、始知有神異之術、京師貴人莫不企慕
欲見無緣致之、一少年與子訓隣居、為太學生、諸貴人作
計呼之、曰、子勤苦讀書、欲規富貴、能召得子訓來、使汝可
不勞而獲、生許諾、便歸事子訓、與之灑掃、供侍左右數百
日、子訓曰、卿非學道、何為如此、生尚欲諱、子訓曰、汝何不
以實對、吾已具知卿意、豈惜一行之勞、而使不獲榮位乎、
吾其日當往、生喜甚、辭至京、與貴人具言、至期子訓未發

生之父母來語之子訓曰汝恐吾忘耶食後即發也去京二千里半日即至生急拜迎子訓問曰誰欲見我生曰甚多不敢枉屈但知先生既至當自來也子訓曰欲見者令絕賓客明日當各詣之生如言回告公卿以下候之者各自謝客灑掃子訓果來自持斗酒斤脯曰遠來無有所款聊示微意與座上諸人飲啖終日不匱凡二十三家都有一子訓諸朝士以為先到已處明旦至朝問何時到宅所見皆同時其服飾顏貌無二惟語言隨主人意答京師大驚異諸貴並詣談道子訓預謂生曰謂吾重瞳八采及見無他奇異吾可去矣諸貴冠蓋塞路而來生言適去東陌

上乘騾者是也、皆走馬追之不及、保縣生為郎子、謂謁淺
父晤左慈、因見麓牀、言及前情、相邀往會稽賣藥、去二十年復回
故土、有百歲翁見之、顏色如故、後入西河行道、左元放初與陽城郗元節、許昌孔
元方為友、時謂三元、交俱棄五經當世之事、專修道術、元
節年已三百、雖得龜息延壽藥、丹小餌無所曉、元放傳
以金丹大旨、元節虛心承受、遂得真道、元方學老公之法、
年一百七十餘、容如四十餘歲、性極仁慈、惡衣蔬食、常服
松脂茯苓、飲酒不過一升、有妻子、不蓄餘財、頗種五穀、偶
失火、隣人並來撲救、衣糧牀几都出屋下、元方箕踞藤牀、
視燒不救、其妻促使助收諸物、元方笑曰、何用惜此、又鑿

木邊岸作一窟室方廣丈餘獨入其中斷穀或一月兩月乃復還家窟前有一栢樹道後生滿荆蓁窟室委曲隱蔽於草間弟子欲詣其中皆莫能識東方有好道少年馮遇來候尋窟便見入而拜請元方曰汝得見我似可教也與素書二卷曰此道之要言也四十年得傳一人世無其人不得以年限足故妄授僕八十年有可授者即頓接二人可授不授爲閉天道不可授而授爲泄天道皆殃及子孫我已得所傳吾其去矣乃委妻子入西嶽後五十年暫還時人尚有識之者時左鄰同姓華山訪之鄰願留共處慈自隱峨嵋靜鍊神丹三十年復出玩世徐太極得去土符後術愈高雲遊至荆

三 諸葛玄
四 諸葛豐
三 諸葛珪
四 諸葛瑾
五 諸葛亮
二 諸葛均
二 章夫人
一 朱皓
十 袁紹
十 諸葛誕

州有寄宦覆姓諸葛出三子令相太極驚指其一曰神仙中人也惜乎生此濁世不能飛騰天上官人曰各求加一品題太極曰實非世間物為人中龍也指年長者曰材亦王佐世之虎也顧幼者曰嗟嗟貌雖可嘉但恐畫虎不成反類狗也官人欲加呵叱太極大笑而去官人名玄司隸校尉諸葛豐之後其兄珪字子貢曾為泰山郡丞生三子長瑾次亮次均珪與妻章氏相繼卒三子俱叔玄撫養玄為袁紹所署豫章太守未幾朝廷以朱皓代之玄與劉表有舊挈家往依生子誕小於瑾亮均在襁褓瑾年十三亮年八歲麒麟家珍龍虎國器

自會上至此總屬過脈而文義宛轉如穿九曲明珠豈非仙筆

前節鬼谷之不恐於蘇張龐三子此節麓林之不忘於蘇仙公所謂連絡搭救益見仙家恩義之重所以深警於世也

左元放夙根深植故其得師視初入道者甚易而其後所證亦高凡世根器淺薄者當急思培植

太極識孔明為神仙中真有法眼但漢室崩頹而卧龍生方數齡吾於此為漢祚一急

何進　何后　少帝　蹇碩　張讓　袁術　獻帝　荀爽

○麋子仲德消火厄　○孫伯符暴動殺機

時已六年也去歲大將軍何進（皇后兄）聞鄭玄名碎之州郡迫脅不得已而詣進設几杖之禮以待玄以幅巾見留一宿逃去帝信佛是年始立祠於宮中以奉之四月帝崩三十四歲在位二十二年太子辨即位（少帝）黃門蹇碩欲誅何進而立陳留王協（靈帝少子）袁紹勸進悉誅宦官計召四方猛將董卓統軍二十萬聞召即來常侍等事急詐以太后旨召進斬之紹與弟術勒兵捕宦官皆殺之董卓引大軍至脅太后廢帝立協為帝（是為獻帝）卓自為相國收攬人心徵處士荀爽陳紀申屠蟠蔡邕等獨蟠累召不應或勸之行但笑而不答

陳紀 初平 唐妃 張芝 呂布 規妻

覽自從遊林下後爽紀被其脅制舀爲其殺 庚午歲改元身惟蟠無與人服其高見初平正月卓殺何后少帝唐妃卓初慕酒泉張奐遣繼百西却而不受與子芝剝字伯母孕時夢帶夫印綬登樓占者曰當生子復此郡終此樓後果亦爲武威太守晚年居一樓學書終其身遊嵩山得蝌蚪古書于巖下遂工草篆世謂儒宗草聖卓累辟不就人稱張有道時曹操刺卓不得間行東歸發矯詔馳檄開東州郡衆推袁紹爲盟主卓同呂布等取虎牢關布兵敗卓懼燒雒陽宮廟發諸陵取珍寶數千車劫帝西遷以皇甫嵩爲城門校尉嵩從叔規之妻善屬文工草篆規卒已卓令刼至夫人罵曰君羌胡種毒害天下猶未足耶皇甫氏

皇甫隆
孫策
公孫度
管寧
邴原
王烈

世爲漢臣君其走卒敢行非禮卓怒懸其頭於庭鞭扑交下夫人顧杖者曰速斃爲幸未幾氣絕敎棄屍於野其子隆夜取母屍啟父墓合葬畢逃隴西避難辛未二年孫堅先入汜水關修閉諸帝陵寢夜見殿南五色光起令卒下井得玉璽一篆文八字五龍交紐一角小缺以金鑲之知是御璽託疾回長沙爲劉表射死子策奔江東操見紹等無能爲自引兵投揚州去公孫瓚畱北平紹占冀州奄有河北襄平公孫度自稱遼東侯平州牧北海管寧邴原太原王烈皆往依焉初董卓慕寧賢名往徵寧不就將家屬黑夜潛行衆見有火燼前導以爲神光引助家貧甚値久雪曰恐凍斷三足烏腳寧何足慮

王允　貂蟬　興平　陶謙　糜竺

哉其坦率如此壬申三年卓自為太師號尚父時有謠曰
千里草何青青十日卜猶不生又有道士書呂字於布上
負而行歌曰布乎布乎卓不悟司徒王允密謀誅卓慮布
之勇以歌姬貂蟬作連環計兩許董呂遂使布殺卓卓將
攻入長安報讎遂殺允癸酉四年黃巾餘黨寇青兗曹操
領兗州刺史賊黨悉降甲戌改元興平操南攻徐州牧陶
謙劉備救却之謙疾篤謂糜竺曰非備不能安謙卒竺率
州人迎備領徐州牧竺字子仲東海朐縣人居淮安家世富豪莊戶
童僕萬餘人嘗往雒陽買賣回路有美婦求載竺步行讓
於婦婦拜請同坐竺上車目不邪視行及數里婦辭去曰

火德星君　甘夫人　糜夫人　糜芳　吳夫人　孫權　孫翊

我天使也奉帝勅行火災於人間汝家亦當被燒感君見待以禮故私告耳竺曰娘子何神答曰我南方火德星君化身竺拜而祈之婦曰天命不可回但速搬出竺奔歸如教空屋以待傍晚忽火起盡燒其屋竺將家財悉散于貧人○謙聞其義請爲別駕從事及備代爲牧已娶甘夫人竺以妹嫁爲次妻弟芳亦令善事初孫堅妻吳氏生策權翊匡四子夢日月入懷而生策權（策月權日）策性闊達聽受聞舒人周瑜英達夙成便推分結好年十七渡江居江都有橋公者善知人二女俱國色（橋公之目與呂文之識劉李樊噲同明）公以長女配策次女配瑜時袁術據壽春策以玉璽爲質借兵渡江取吳

三

孫匡
周瑜
橋公
大喬
小喬
周泰
董習
虞翻
華陀

郡襲會稽人稱小霸王令權同周泰守宣城山賊竊發泰被十二創金創發脹命危會稽董習曰某曾與海寇相持身遭數創得郡吏虞翻薦一醫士療半月而愈策即請翻爲功曹令求醫者翻引進乃譙郡華陀字元化少得衡陽公秘傳刀針剖割治病策延坐問其年曰總百歲皆以我爲仙稱精岐黃術耳若疾在腸胃者飲以藥酒剖腹滌洗去其積滯傅神膏合之立愈其他外症尤爲易治策携至宣城視之曰無妨一月可愈至期果平復策以金帛相酬盡散於弟子之貧者策出巡見一道人長八尺蒼髯桃面披鶴氅扶藜杖立於當道策問之稽首曰貧道于吉順帝朝

曾入山採藥得神書於曲陽泉水上白素朱書凡百餘卷皆守一之道又有治人疾病方術名曰禁咒科惟務濟人往來吳會策招爲賓客獨居一室每夜靜坐日則普施符水無不立効持呼于神仙更善風角之占策欲討曹操使占之吉曰不必攜怨操將謀奸也未幾操使至求結婚姻於是將士益加崇仰且先拜吉後見策策知之數欲收吉左右勸止時長沙一桓姓婦人死月餘其母聞棺中有聲發之已生陽道衆怪之以問吉吉曰其後復有由外戚而起爲帝王者丁丑歲操令策取荆州封爵吳侯呂布自出武關來徐州投備未幾自襲爲徐州牧備還屯小沛關張

楊奉　董承　董昭　荀彧　荀攸　郭嘉

懷危備曰屈身安分以待天時與平丙子七月楊奉董承
迎駕歸雒陽改元建安曹操在許潁上荀彧孫淑勸以首倡
義兵以從人望操將兵詣雒遷帝都於許自為大將軍以
彧為侍中尚書彧舉攸為軍師郭嘉為祭酒備為布再攻
奔許都操表為豫州牧戊寅冬操約備夾攻布殺之備回
都見帝推宗譜乃帝之叔己卯春帝獵於許田備射中兔
帝射鹿不中操接箭射中鹿背羣呼萬歲操遮帝前當之
關羽提刀欲出備送目乃止帝藏密詔於衣帶中召與董
承承與備同謀備嘗於園中灌菜席間懼雷失箸操以為
懦袁紹盡并幽燕術歸璽於兄操令備邀擊術術敗憤死

禰衡　黃祖　董貴妃

脩請保徐州操怒脩請鄭玄作書與紹紹與連和玄名重當世惟與禰衡善衡字正平淄川人性惡濁俗高才傲世孔融深愛其才衡始弱冠定為忘年交上疏薦衡操惡其狂乃為鼓吏着岑牟單絞之衣奏漁陽三撾音節悲壯聽者感慨操遣招劉表表復使見黃祖會客請作鸚鵡賦援筆立就後以言詞傷祖殺於洲傍洲名鸚鵡庚辰春鄭玄卒玄實冉伯牛再世欲行道濟時水精見世道大壞親往告之曰起起今年歲在辰明年歲在巳玄寤而歎曰尼父諭我吾命將窮弟子怪問之玄曰陽氣生於子終於巳生命不辰居亂世亦當隱至是遂卒是夏董承等事洩諸家族滅董貴妃

五

十張遼
墅
赤兎
十顏良
十文醜
一孫乾
北孔秀
北孟坦
北韓福

勸死操將軍下徐州脩敗投紹操圍羽使張遼說其降因
乞三事允之羽降操同撡一宅令與二嫂同居羽爲兩院
夜則秉燭觀書達旦操待以客禮送美女綾錦金銀無算
一無所用羽早朝帝見鬚贊曰美髯公也操以呂布赤兎
奉之袁紹軍官渡伐操公請擊之策馬斬顏良於萬衆中
操表封漢壽亭侯於延津復斬文醜聞汝南黃巾猖獗公
願往途遇孫乾知備在紹軍賊去公回許作書辭操請二
嫂上車原從隨行操聞封金掛印追而餞送公投雒陽遇
東嶺關斬守將孔秀孟坦太守韓福射公公斬之保車仗
投沂水關卞喜素知公勇計伏刀手鎮國寺中適普静禪

十卞喜

神

十王植

一胡班

十秦琪

四周倉

十蔡陽

十趙雲

二陳震

十許貢

遊至此以手挚戒刀公會意窺壁後有人喝問喜驚走公追斬廊下回謝靜靜亦他往公至滎陽太守王植謀於館驛燒公有從事胡班驚曰眞天神也密告其事公出城植來追被斬滑州關隘公斬秦琪渡河聞倫轉往汝南公於路得周倉爲部從張飛在古城怒公背義降曹適操將蔡陽追至公斬之飛始信迎倫相會趙雲亦來歸關平護母尋至同在汝南駐札紹欲伐操遣陳震使吳孫策霸有吳越遇許貢家客報讐策身被數鎗召虞翻尋華陀已往中原救度陀有三徒長安李當之麻陵吳普會稽汪倫李吳常隨師行隨同作藥錄倫在吳命療倫曰箭帶毒百日內

△[illegible] 忽然滂道結使至於城樓會飲諸將紛紛下樓策怪問之

△吳普 左右曰于神仙過凭欄見部下及城中男女焚香伏道吉

△汪禽 趨却之策怒命擒至叱曰狂夫焉敢扇惑吉曰救濟羣生

不取毫釐之物策曰衣食從何而得命下獄明日責曰天

△呂範 旱水涸汝不同民之憂安坐作鬼態令斬之呂範曰聞吉

能祈風雨令其行法贖罪策乞之吉深浴更衣謂衆將曰

吾祈三尺甘雨終不免一死衆曰得雨必當免禍吉曰數

至恐難逃也自縛縢日中策令運柴積於市日中無雨活

焚之候吏報午時策叱扛上舉火忽黑烟冲上雷霆齊發

大雨如注頃刻街市成河吉仰卧大喝即雲收雨止扶下

劉琬

魯肅

棚衣無點濕解去繩索衆官羅拜泥中策大怒曰妖人偶值其便蠱惑已深禍之端也掣劍令武士斬之一道青氣投東北去屍暴於市是夜風雨復作及曉不見欲斬守屍軍士見吉於户內走出策取劍欲斫反自倒地自此常見曉夜不寧形容憔瘦取鏡照之見吉立於鏡中策拍碎大呌瘡迸昏絶既醒取印綬付弟權而亡年二十六昔劉琬善識人使吳見孫氏昆仲曰皆禄祚不終惟仲謀碧眼紫髯大貴之表又享高壽權既掌大事周瑜薦臨淮魯肅胸藏韜畧事母至孝家居曲阿家極富大散財粟濟貧殷櫃常滿其家得授經緯之術瑜往聘至權留同卧肅曰聞光皆秘

論云承天運代劉氏者必興於東南推步事勢當其曆數權披衣起謝肅薦友諸葛瑾瑾自叔卒嬸弟欲歸瑯琊瑾送去回南陽適吳聘至弟亮遊學經年一歸近在襄陽友人處招回託以家事八吳權待以上賓瑾勸絕紹順操後卻圖之與張昭同理政事權築鐵甕城為都北曰固山是秋紹大舉伐操敗回操陳軍河上土人簞食壺漿內有數父老命坐問其年歲答曰皆近百歲桓帝末有殷遂東宿此言黃星現楚宋之分後五十年當有真人起於梁沛間其鋒不可當以年計之整應是言操賜以酒食絹帛劉備攻許昌操回擊備敗投劉表壬午操復北伐紹嘔血死後

衣尚　十袁譚　十卞氏　十曹丕　六東郭延　上袁熙　洛神　甄氏　六甄逸　三張氏

妻嬌立巳子尚郭嘉計以緩攻俟釁長子譚爭立敗降操
導取冀州操妾卞氏於丁卯冬十月生子丕於譙郡先有
青雲如車蓋上覆卞見烏龍臨寢室而生山陽東郭延望
氣而至曰公子非人臣氣也操謝令秘之時隨軍入冀見
一嫗抱女而哭叱問之乃袁熙妻中山無極人後曹植見而慕作洛神賦以比之
上蔡令甄逸女於壬戌十二月其母張夢仙人執玉如意
稱眞人蔡嗑岈為爾家凶年以穀賑給親隣甯佑爾携一
圭女入房教以玉衣覆體遂生女相士劉良見之曰此女
大貴非常人配也紹娶為仲子婦後為丕所納操攻幽州
熙尚奔烏丸東胡丙戌秋操引輕騎擊破烏丸熙尚投公孫

劉良

烏丸

公孫康

封衡

隴西守

康斬其首馳獻封康襄平侯時有人求見操召問之云是安定皇甫隆避董賊難於隴西道士封君達名衡幼得文始眞人秘服黃連五十餘年乘青牛入鳥鼠山採藥又服水銀百餘年還鄉如二十許顏遇病將死者與藥與針即愈時號青牛師隆奉事數十年惟傳螢火丸言得於冠軍將軍劉子南因名武威丸居家佩之辟盜賊諸毒隴西守令隆至單于界虜騎追逐集射皆不能傷始知此丸之妙聞公撫定河北戒軍勿殺是脩行軍之用操亟索觀丸如杏仁意輕之隆請一試操令持丸而立四以矢射之近輒墮方信而喜曰得此何慮征伐乎命名冠軍丸時刻佩帶

曹彰　曹植　曹熊　蒯越　○靈壽光　蒯良　胡田

操後胃矢石而

不傷蓋伏此、拜隆爲中郎將辭不受操還冀州夜見金

光地起令掘之得一銅雀以爲瑞建臺於漳河上操子丕

彰植熊而鍾愛植留鄴邪造臺自回許屯田兵足南征荊

州劉表贊脩馬駿脩送之謀士蒯越曰扶風靈壽光能瞻

天象察百物云年七十得朱英九方合服之祛疾轉少壯

建安初已二百二十歲寄江陵胡田家先見良從遊三載

稍得其術善相馬越亦頗曉脩馬眼下有淚槽額邊生黑

點名的盧騎則妨主乗雖明主霸不死

美色同車而能横並即此便是入聖根基且勿論其後

之得仙而此月已棄久兒矣可知尊討便宜者定然敝

術
陀得陰陽之秘自然神妙蓋江東福地故奇人聚集
許田之中鹿中兔俱應讖兆而關公動怒其剛正之氣
直凌霄漢
以孫策之英雄焉不能統一與圖匡匡之德教於何處
駐足所以于吉招之而去非仙家之報怨於孫郎也不
然金刀尸解之法老君早已付吉是當解於兵明矣何
御恨於策必欲追之以爲快乎

〇〇詔數主獨傳妙法 •〇隱茅廬三顧高賢

時劉表多病聞有却病丸喜曰馬還之如請光來愛我甚矣越往請遂來表接禮甚恭欲求方光曰屏去妻孥遠離塵俗便是延齡妙藥諸事糾纏雖服無効也表不悅光出居館舍幕賓伊籍見光語有微旨夜竊謁之光知其有心謂之曰景升氣滯神昏不久於世玄德有治世才當善事之吾即武帝時董仲君將北回晉陽也籍領教而退光辭回田家卒胡老殯隴間百餘日有復見於小黃寄書曰荊襄不日大亂子可移隱巫山第七峰胡得書發棺視之棺中唯雙履在即依命遷去備屯新野丁亥仲春卅次人誕一

劉琦
蔡氏
劉琮
蔡瑁
司馬徽

子是夜有白鶴棲縣衙屋上鳴四十五聲望西飛去初夢吞北斗而孕乳名阿斗禪表欲廢長子琦立後妻蔡之子琮備曾阻之蔡與弟瑁謀就襄陽會害備伊籍密告備潛上的盧出走前阻檀溪縱躍而過牧童熟視曰非破黃巾劉玄德耶吾師常與客論當世英雄故知之備問師何人童曰潁川司馬徽字德操道號水鏡備逸引見莊前下馬聞琴音正美有頃聲止笑而出曰韵起殺伐必有竊聽見備曰此公今日幸免請入草堂敘禮橫琴在几清韻悠然徽曰公胸宇宙而未能立業為無賢才相助耳備曰愚昧不識先生必有其人備求指示徽曰伏龍鳳雛得一可安

天下。備問誰。徽拍笑曰、好好、具饌留宿、天曉、趙雲到庄備

單福
謝別路遇潁上單福邀拜爲軍師逐敗曹仁操怪之荀彧

十一曹仁
曰此必吾鄉徐庶、字元直、至孝若賺其母至令作書招歸操

十徐庶
從計行之、庶得書始以實告備曰毋傷孝道流涕餞別庶

△徐母
曰襄陽城西隆中有大賢諸葛亮宜枉駕求之出則何慮

十二崔州平
諸人乎亮資敏授賦性貞良與博陵崔州平潁川石廣元

十三石廣元
徐元直汝南孟公威爲密友常一處切磨學業皆務於精

十三孟公威
純亮獨觀其畧殷馗來遊同往學天文馗曰羣星聚潁分

諸公足徵其象月餘亮窮其理五人聞襄陽司馬徽識見

⊙龐德公
絕倫以禮待之同郡龐德公素有重望徽又以事之德

十龐統

酆公玖

公曰德操世之氷鑑也劉表累辟德公不赴迭訪之德公耕隴上妻饁於前表曰先生不肯官何以爲子孫計公曰人皆遺以危我獨遺以安遂攜妻子隱鹿門山下後登山採藥不返徽嘗詣之見其姪統字元云曾受業於楚南公出言峻銳徽曰惜乎文采雖具未[illegible]高遠統自號鳳雛徽一見亮即稱曰伏龍謂其一聽風雷變化非常矣竊謂亮曰以君才當訪明師益加學問汝南靈山酆公玖熟諳韜畧余嘗過而請教如蠡測海盍往求之引亮至山拜玖爲師居朞年不教奉事惟謹玖知其虔始出三才秘籙兵法陣圖孤虛旺相諸書令揣摩研究育日玖畧審所學皆能致其奧

妙謂曰、方今天運五龍、非有神力者不能傾弱於斯時也、亮問五龍之說、酆公曰、秦漢之時五龍變現、如嬴秦爲白、呂秦爲黑、項王爲蒼、漢高爲赤、孝文夢黃龍之瑞、光武膺赤伏之符、故兩漢互尚黃赤、及今漢祚欲終、火土悉絕、雖餘熖未熄、復當流之於西、稟金而王、孫堅修漢諸陵、乘土之德、故鄉兒劉業於江左、與火土爲仇、難者水也、今曹氏已定北方、木繼水而生、其子有青龍之祥、火襲木而王、其後有二火之讖也、亮曰、操爲國賊、權爲竊命、亮當此亂世、則惟退隱躬耕、養志樂道、公曰、不然、抱此材器而不極救斯民、非仁者之心、然出處必以正、劉備漢室之胄子、如一

北極教主

出爲輔則可成矣亮問關張輩何如公曰羽是解梁老
龍飛是涿州玄豹雲乃長山巨蟒竺乃東海壽麋其後爵
有襄陽鳳雛長沙虎母西涼駒子天水小龍皆予之良佐
使也南郡武當山初名太嶽真武奉元君之言游覽至此
執玄武旗領龜蛇神將鎮此南人皆蒙其庇後真武欲去
土人上山禱求曰若非玄武不足以當於是更名武當
上有二十七峰三十二巖二十四澗峰最高者曰天柱紫
霄二峰間有異人曰北極教主有琅書金簡玉册雲符皆
六甲秘文五行道法吾子僅習兵陣不踰神通終爲左道
所困遂引至武當拜見惟令擔柴汲水採黃精度日居既
久方授以道術遣下山行世至靈山鄧公已北向復命復

承彥
夫人
八人
初聘

尋教主亦不在峯頭風雷聲轟轟如千萬人語始悟神人指點自負不凡孔明行法必披髮仗 司馬徽見之改容曰眞第一流也與弟均隱隆中有岡名臥龍結茅以居好爲梁父吟 為思鄉瑯琊故國如莊舄之越吟 每自比管樂石廣元謂亮曰微鄉黃承彥慕君才德欲與聯姻但女如嫫母亮曰西子亡吳無鹽興霸未可妍媸論也遂娶爲妻相敬如賓亮爲均聘南陽林氏女爲婦期十生子名望後五月亮生子名瞻丁亥冬十二月劉備同關張來隆中恭聘山畔數人耕田而歌備詳問農指曰山南岡前疎林內即高臥地也備至莊扣扉童出問備道來意童曰今早出遊歸期無定備惆悵

四

而同過數日復冒雪前往童迎入草堂一人擁爐抱膝而
歌俻徐問曰先生非卧龍耶均曰二家兄也崔州平邀去
二日矣俻留書致意荏苒新春命卜者擇日齋戒薰
沐整修幣帛再往關張不悅俻以言曉之途遇均云昨暮
始歸童子迎門曰師父晝寢俻步入見仰卧堂上乃叉手
立堦下良久方睡醒長吟曰
大夢誰先覺平生我自知草堂春睡足窗外日遲遲
童通報轉入整衣冠而出俻下拜因屏人而問時務預定
鼎足之勢共圖濟世辭以不能俻泣下亮見如此肫切方
曰願效犬馬之勞次日同出茅廬謂弟均曰將擇善地使

夏侯惇

一燒

二燒

汝安居也玄德自得孔明如魚之有水徐庶至許母怒而
縊死操能三公自爲丞相以夏侯惇爲都督命伐新野抵
博望城孔明盡燒其屯操自將平江漢劉表卧請玄德統
攝荆州表卒蔡氏假命立琮衆謀士主降孔明授計諸將
曹仁搶入新野二更火大作奪門奔去操分八路進取孔
明勸暫棄百姓速取江陵操至樊城琮渡江拜迎操令隆
中尋孔明妻小不得均先避江陵處 三 操選輕騎追掩玄德棄妻
子走趙雲尋見甘夫人教糜竺護行復入亂軍糜夫人抱
阿斗坐短墻內見雲來自投枯井死雲解甲護斗操將無
能當者過長坂橋飛横矛立馬衆不敢近玄德得濟沔水

五

蔣幹
黃蓋
闞澤

操至江陵荀攸曰備結東吳是滋蔓也可檄請權會獵於江夏權遣魯肅請孔明詣柴桑待以客禮孔明曰協謀同力破曹必矣張昭等勸降周瑜還謂曰操實漢賊當為漢除殘去穢權以劍授瑜拒操與孔明籌畫九江蔣幹與瑜師赤山趙炳習兵法遊說幹為操幕賓故來下說辭不行於是黃蓋用苦肉計闞澤下詐降書龐統獻連環計操俱信之徐庶流言西涼反請兵往守散關皇甫隆願同去周瑜猛然吐血孔明密書東風二字授瑜瑜以實告曰亮曾受異人遁甲可於南屏山築一七星壇借風助君至甲子日孔明沐浴更衣披髮跣足上壇作用三更風響旗飄西

㊀黃忠
十魏延
㊀孫夫人

北瑜大駭曰此人能奪造化留之必為大患令二校尉水陸抄至壇前已不見矣操在水寨黃蓋船乘風直前頃刻北船盡燒延及旱寨操引百餘騎從火林出走華容道雲長以舊事心動釋之曹仁誘瑜入南郡伏弩中左肋瑜用詐死計敗仁欲還屯江陵（即南郡）已為趙雲所得關張又取荊襄瑜怒欲攻之肅勸止已丑孔明分兵南狥四郡得降將黃忠魏延瑜聞甘夫人卒勸權以妹妻備意欲幽之孔明付計子龍保護就婚權邀遊北固山酒酣各掣劍斫石成十字文（至甘露年建寺石在寺門）玄德辭歸與夫人至浦口瑜追至中張飛伏箭幾死復假途取川又被孔明識破瑜氣塞墜

六

馬金鎗迸裂病勢轉劇朦朧見一道者曰伯欸可回山矣勿昧却本來瑜忽省曰吾師來喚不久於世矣昏絶復醒曰既生瑜何生亮連呌而亡魯肅代爲都督龐統去吳至荆州令爲耒陽縣宰孔明按察回玄德謫是鳳雛拜副軍師西涼馬超爲父報讎操自將擊敗之回許威震中外漢中張魯字公祺少習祖訓益纘前烈來學者助米五斗世號米道自稱師君學人爲鬼卒立祭酒爲首授衆道業領衆多者號治頭大祭酒務以誠信不欺詐有疾者使居靜室自思己過當壇首說與病人請禱者號姦令祭酒其法書病人姓名及服罪之意作文三通一放山頂奏天一埋重

閻圃
劉璋
張松

泉告地、一沉水以申水官病即痊可設義倉置米任人量
腹取饒過取則有誠信而循良者使佩經籙率衆趨善久
皆自化於是行者不裹糧居者不捍關特中州板蕩魯嘗
募義勇保障巴蜀此地久無官長皆奉魯法境內人有犯
恕三次不改然後施刑近三十年歸者益衆朝廷授典農
校尉安民中郎將領漢寧太守秦雍兵亂百姓僞據地得
璽欲尊魯為漢寧王魯力拒之已聞操新破馬超必取巴
蜀閻圃進曰劉璋昏弱不如先并西川則可與操為敵魯
與弟衛起兵璋（字季玉後焉之子）衛恭聞欲相襲大憂別駕張松請
說操取漢中暗畫地圖欲獻操操以不遜欲斬之主簿楊

楊修　法正　孟達　張紘　蔣歆　呂蒙

修子虎勸免松投荆州玄德接待松贈圖諷以入蜀回見璋言可結備為援足拒操魯璋令法正孟達往迎正子眞之說取益州為基礎統力贊玄德自將兵西進吳侯用張昭計賺妹回欲取荆州從張紘遺言築石頭城從治秣陵名建業初秣陵尉蔣歆字子文逐盜死於鍾山封蔣侯立廟山下權因祖諱改名蔣山從呂蒙言築濡塢以拒曹是冬操下江南以荀彧阻衆議不當加九錫乃遣送空盒彧歎曰止於此矣飲藥而卒年五十諡敬侯癸巳春正徐庶卒臨終言季子已死吾將行矣操令厚葬進軍濡須口相拒月餘權軍伍整肅操望而歎伏几而卧聞潮聲洶湧起一輪紅日與

劉璝

張任

上太陽對照飛墜寨前如雷爲覺權通掩至操急退衆勸
回許帝封操爲魏公加九錫玄德在葭萌關從統計入據
涪城璝斬松以弟璝爲將進兵雒縣錦屏山有異人道號
紫虛知人休咎璝欲問之張任曰大丈夫行兵拒敵豈問
於山野乎衆强之行童子引入見其鶴髮童顏垂眉而坐
衆拜問上人曰公等但能順天則無不吉書云
左龍右鳳飛入西川鳳雛墜地卧龍昇天一得一失天
數如然宜歸正道勿喪九泉
再問時閉目不言任以爲狂士遂下山玄德得軍師書
亮夜算太乙數歲次癸巳罡星在西方觀乾象太白臨

於雒天狗犯於吾軍將帥之身宜謹慎之。統以天道淵微、分路取雒城臨行馬躍墜下玄德以的盧易之統走小路至落鳳坡旁曰師諱遇落而休數應終矣、伏弩齊發遂死、年三十六孔明以印綬付雲長囑曰北拒曹操、東和孫權、令飛取巴州、飛擒太守嚴顏壯而釋之孔明用計擒斬張任張翼縛璝出降進圍成都璋求援於張魯時馬超投魯與弟岱至葭萌孔明行反間超遂降璋驚懼宕渠譙周曰蜀分有大星光如皓月帝王之象合歸玄德也、璋賫印綬降玄德領益州牧、許昌衆官議尊操為王荀攸以為不可操怒曰欲學彧耶。攸憂懼臥病甲午冬身亡年五

十八

操厚葬之有道士遨於鄰自稱劉京聞攸之死歎曰昔為兄弟今為叔姪二子死得其正矣或異其說京曰或攸戰國蘇氏秦厲也詰之曰猶有各代者安在京曰代即程仲德復問何生二姓京曰二得其草一得其禾雖分二姓皆出一蘇或未之信往告程昱昱笑曰此妄言也皇甫隆謂為信然乃往謁問泪於名者味出於世者明璽壽光之至荊州專為玄德也覿其諷劉表嘱伊籍可知

每閱演義花明之種種神奇處恒以為妄及讀此始知

九

大有來歷其輔翊幼主人皆以伊周比之又孰知其眞爲伊周也。
愚謂玄德之遇孔明、直如蛟龍之得雲雨、非復池中物也、錄中以君臣際會之後稱字而諱名盖竊仙史深得乎書法者矣、
曹操能放關公以此得命、要知能寛人者。即爲自寛。
孫武伊周仙階懸絕、出世自然不及、故孔明着着先。俱
漢高抱日而成帝業仲謀兆日而王江南雖曰偏覇亦。
有奇徵。老瞞縱欲鯨吞、志已餒矣、
落鳳坡之慘同於馬陵、豈前生之業猶未盡耶、

十一 公

十二 華歆

十三 伏后

十四 伏完

曹后

○○○術戲數傾推左管：○神褫魄奪犯關黎
京曰嘗從諸仙長弔古論今是以知耳隆隨事之京每演
說神仙樂境好事者喜聽多從之遊京至諸弟子家凡有
疾病人治以方藥言授聖母九子九交接之道至難如乘
奔牛驚馬有博士王公無子處事求方已七十歲合服之
能御八十妾生二十兒騎馬射獵日行二百里飲斗酒不
醉至一百歲而終是年操遣華歆入宮殺伏皇后酖二皇子為后父完
謀操事洩乙未元旦操以己女為后劉京歎曰天昏地黑玉碎
月○方謂隆曰操所為祚壽不長子有道骨何依此弒逆也○
隆即入見指操叱曰欺君罔上神人共怒我初以武威九

與汝是助賊也可速還操起喝曰汝發狂耶令擒下隆走
出追莫能及出南門京携手至睢山授雲母九方隆合服
之不盡其道法三百歲後始度世操折佩之丸忽失却驚惶月餘聞魯爲
漢寧王乃起兵攻拔陽平關衛逃回魯勢孤衛勸盡燒倉
庫魯曰國家之有不可廢也夜引全家奔南山操使人說
之降魯歎曰王氣臨於晉魏操賊當興然遽降之彼必輕
我小試法術以見未弱也操率大軍至魯衣道服佩劍執
板而出以手板畫地成河頃刻狂風怒濤操兵不得前令
水軍用舟欲渡魯又以手版平畫河中輒起一山高千餘
丈屏隔南北操無可奈何遣使慰諭拜梁益二州徵封鎮

高品

四代

張盛

司馬懿

夏侯淵

甘寧

張女

彭祖

南將軍閬中侯食邑三萬户魯謂使者曰吾修道之家世慕冲舉裂土之封非所願也請還印綬始教弟衛率衆降之保護家小自棄繁華遁去操拜衛昭義將軍封傀南鄭大守加附馬都尉魯子五人闔圃等俱封列侯圃辭爵願與魯三子盛居守故土主簿司馬懿請擊蜀忽合淝告急操以夏侯淵守漢中自統軍拒吳甘寧引百騎夜刼操營大亂操還以張魯女配己子彭祖其眷屬獻居許昌丙申春王粲等復議進操爲王尚書崔琰清河人虎目虬鬚力言不可操杖殺琰徵君任安字定祖好學隱山不營名利時稱任孔子常讀魯連傳聞琰死歎曰漢室惟此愧當時諸才

上王粲

㊃崔琰

㊄任安

一鍾繇

子莪加粲縣輩爲冀壞夏五月鍾繇草詔冊操爲魏王用天子鑾儀於鄴郡造宮殿各處取珍奇來木使者入吳取柑子權令選大者四十餘擔送往中途見一道者眇目跛足白藤冠青嬾衣與衆作禮曰爾等辛苦願代一肩每擔挑三里但經挑過便輕嚇去白我乃魏王鄉中故人左慈可爲申意衆至鄴呈上操剖之皆空殼怪問之衆以言對操未信門吏報左慈求見操召入叱曰汝以妖術攝吾佳果乎慈笑剖之皆滿操自剖仍空益怪之賜坐慈索酒肉五斗不醉全羊不飽操曰何術至此慈曰嘉陵峨嵋山學道得遁甲天書上卷天遁能騰雲跨鳳飛昇太虛中卷地

遁能穿山透石縮地移泉下卷人遁能藏形變化飛劍取
人王上退步入山當傳與汝操曰吾亦思之奈未得其人
耳慈曰玄德帝胄何不讓之操怒喝拏下令獄卒拷之皮
肉粉碎慈齁齁熟睡枷械送牢監守天明枷鎖盡落慈臥
於地禁七日不與食而唇轉紅操大宴慈忽穿木屐立筵
前曰水陸具備所少何物操要龍肝作羹慈於粉壁畫一
龍以袍袖拂開取肝鮮血尚流操曰此汝先藏於袖慈曰
天寒草枯隨意欲觀何花命致牡丹慈以水噀盆頃刻發
枝開花眾大驚邀慈同坐庖人進魚膾慈曰得松江鱸尤
美教取釣竿向堂下池中釣數十尾操曰吾池原有慈曰

許褚

何相欺也慈曰膾可辨也操曰膾鱸須得紫芽薑慈曰請銀盤以袖向覆須臾得薑滿盤操發之內有孟德新書（操倣孫武而作）慈取王盃滿斟進曰飲此可以長生操令先飲慈拔冠簪一畫先飲其半餘半勸飲操疑而叱之慈擲盃於空化白鳩遶殿而飛衆抑覲失慈所在明日操出近郊士大夫從者百許慈齎酒一升脯一斤來餉手自酙酒削脯每人酒一盃脯一片莫不遍者有頃而操之行廚酒脯悉亡之矣欲收慈殺之霍然却入壁中令許褚逐捕見慈穿屐緩行飛馬追之不上見走入羊羣射之即不見褚曰但出不相害一老羝屈前膝人立而言曰遽如許褚欲擒之羣羊皆

許芝
管輅
容生

人並曰遽如許莫之所取乃盡殺之牧者守羊而哭慈躍
起教以羊頭湊腔上皆復活操圖形於市捕之三日中城
內外獲如慈者三四十人操親監斬各起一道清氣至半
天聚化左慈招白鶴騎之拍手笑曰玉鼠隨金虎姦雄一
旦休操令衆射之忽風作沙飛屍皆提頭來打衆驚倒不
相顧風定羣屍不見操回因成悸疾太史丞許芝自許昌
來令卜易芝曰聞神卜管輅否輅字公明平原人父為郎
丘長輅自八九歲喜仰視星辰常云家雞野鵠尚自知時
況於人乎與隣里兒共戲輒畫地為星斗日月指點而觀
之有一異貌先生借寓自號客生舉家殷勤輅尤敬奉客

單子春

郭恩兄弟

王弘直

感其誠授以相之術年十五讀史日記數千言深明周易瑯琊太守單子春聞其名召見坐客百許皆知名之士輅先請清酒三升飲而後言子春與論五行之理鬼神之情枝葉橫生眾莫能難於是號為神童有利漕郭恩兄弟三人皆得躄疾請卜之輅曰有女鬼訴冤於天故有此報恩兄弟涕泣伏罪忽有鳩來梁上其鳴如哭輅曰明日有親人從東來携物共飲時當有小驚明早果有姨丈携酒肉至恩令僮射雞為食隔籬悞傷鄰女子手輅在侍中王弘直座上飄風高二尺從中上來在庭中幢幢迴轉輅曰東方有馬吏至恐父哭子馬吏來報弘直次子死矣信都令

諸葛原

劉邠

妻患頭風、其子患心痛、請輅卜、輅曰、堂西有二屍棺一持矛刺頭、一持弓箭射胸、揺之果然、徙葬得無恙、舘陶令諸葛原遷新興太守、輅往送之、客言輅能射覆、原取燕卵蜂窠蜘蛛置於三盒、令卜卦成、各寫於盒上、

含氣須變、依乎宇堂、雌雄以形、羽翼舒張、此燕卵也

家室倒懸、門戶衆多、藏精育毒、得秋乃化、此蜂窠也

觳觫長足、吐絲成羅、尋網求食、利在昏夜、此蜘蛛也

滿座皆驚、鄉人失牛、求卜、輅曰、

北溪之西、七人宰之、疾去尋覓、皮肉尚存、

果獲、告之平原太守劉邠、因言輅之神卜、邠請試之、取印

五

辭供佳

趙顏

囊山雞毛置盒中輅曰
内方外圓五色成文含寳守信出則有章此印囊也
巖巖有鳥錦體朱衣羽翼玄黃鳴不失晨此山雞毛也
郊待爲上賓春暮郊行曰林間有少女微風陽鳥和鳴玄
雲將合矣須臾大雨如注輅避雨樹家見一少年曰趙顏
輅曰眉間有死氣三日必死顏下拜乞救輅曰備淨酒鹿
脯來日南山大樹下有人對奕於磐石向南衣白向北衣
紅可跪進酒食食畢哀求添壽顏如教而行所見皆合紅
袍者曰必管子言之也出簿籍曰汝年止十九今於上添
一九字壽可九十九矣香風過處化二鶴冲天輅恐泄天

機不敢明言操令芝召至卜左慈事輅曰此變幻之術且
已入吳操心遂安先卜天下大事次卜運數
三八縱橫黃猪遇虎定軍之南折傷一股
獅子宮中以安神位王道鼎新子孫極貴
操問其詳輅曰茫茫天數後必方知操欲封輅爲太史答
曰輅額無主骨眼無守睛鼻無梁柱脚無天根背無三甲
腹無三壬只可泰山治鬼不能治主人也操曰吾相若何
輅曰位極人臣令卜吳蜀二處作卦曰東吳主夫大將西
蜀有兵犯界合淝報陸口守將魯肅隱去漢中報蜀兵屯
下辨操欲討蜀輅曰來春許都火災操遂不出戊戌元宵

失卻武威
九好免文
長□訓

漢中王

于禁

龐德

馬良

五朝臣縱火討操不克巳亥正月孔明進圍漢中黃忠戳
斬夏侯淵於定軍山操大哭有感卜言尋幹巳不知去向
操引軍出斜谷趙雲伏弩射之驚墮漢水無數操奔南鄭
被魏延射中人中敗回長安玄德遂得東川秋七月孔明
築壇於沔陽請即漢中王位立禪為太子封關張趙馬黃
為五虎大將餘擬勳定爵還治成都命關公取樊城操令
于禁領七軍龐德為先鋒公決山水淹七軍禁乞降德不
屈斬之公督攻城右臂中箭青腫流血有醫士從江北來
見怪巾異服臂挽青囊言譙郡華陀知君侯天下義士故
來療也公祖示之陀曰箭毒入骨去之方可公與馬良奕

陸遜

王甫

陀割臂至骨錚錚刮去青骨流血盈盆公談笑自若伸曲
如故陀曰眞天神也切勿驕怒酬以金帛堅辭而去公威
震華夏操議徙都以避鋭鋒肅嘗勸權宜撫輯關將與之
同仇肅得道士劉惇解化之道隱入武當山丹成仙去呂
蒙代屯陸口上疏託病權以陸遜代領公輕之稍撤兵備
蒙賺得荆州公聞被襲解圍南還是冬退保麥城糧缺公
出至決石蒙伏兵獲公父子遇害壽六十平年四十二赤兎不食死
王甫墮城周倉自刎公魂悠悠蕩蕩至當陽玉泉山寺僧
即普靜見寺中有蝙蝠大如雞白如雪靜常以穀飼之呼
曰仙鼠是夜月白風清聞空中大呼還吾頭靜以塵尾擊

尹曰顏良安在公英靈頓悟落菴前拜靜爲師得成正果
徃徃顯聖郷人就山頂建廟四時致祭　吳大宴會蒙後至權撫背慰勞蒙忽
擲盃於地揪權厲聲曰碧眼小兒紫髯鼠輩還識漢壽亭
侯否權率衆下拜蒙竅流血而死張昭令將公首送於操
操曰關公已仙吾無憂矣開匣拱手曰久不見將軍也忽
神威急動鬚髮皆張操驀然驚倒令刻香木爲軀以王禮
葬之褒贈荆王（諡壯繆）操拜祭每夜合眼便見關公左右云
雒陽行宮舊殿多妖可訪有法者治之操知隴西封衡聞
有病者輙與腰間竹管藥立愈駕青牛鬼物遇之避竄召
令袪之衡曰邪不勝正富聽其自然復問養性大畧對曰

張滋

滅思慮節嗜慾。操然之，明日遂不見。著有養氣妙術形法
衛生經數十卷。操聞封氏世有道術，遣使往問。衛（字公明）偲
（字公仵）俱去官學道。會庶長子滋（字元嶽）遂封滋曰道明子。盛
（字元宗）初居南嶽，克志精修。一日父至，召其以經符劍印囑
曰：龍虎山祖師壇在焉，其地天星照應，地氣冲霄，神人
所都，丹竈秘文藏之巖洞，汝速往宣吾兒積修累功。囑畢，
遊閭圃同歸南岐山，上有白雲洞，下有碧雲池，於山洞中
精煉大丹成就，遂於北斗峰上昇，拜見祖天師并嗣師，引
朝天帝道君，受歸命順天系師之道。後衛偲尋見閭圃，互
相姿益，亦於此地冲舉。滋求術，辭以無能，弟盛嗣教可問

梨神

相夫人

劉勳女

之使者以輒操追謚曾爲蜀偽封盛爲奉車都尉散騎侍郎加都亭侯厚幣卑詞復遣使至南鄭請問盛知操數當絕謂使曰何不造新殿居之封爵辭而弗受使還報操曰久欲造一殿取名建始苦無良材聞躍龍祠前梨樹高十餘丈堪作殿梁令工人伐之鋸斧莫入操親以劍砍之血濺身面大驚而止是夜夢梨樹神以劍劈操頭曰汝蓋建始殿意欲篡逆却來伐吾神木操叫醒頭痛遍求醫療華歆入薦華陀操曰試言之歆曰甘陵相夫人孕本月腹痛陀診曰脈中是男胎已死多時以藥下之果死男河內太守劉勳女停水心下諸醫逐水藥用之不愈迎陀視之以冷

水糞其面出巨針針其胸入五寸許不知痛抽針水流三月而盡骨肉相保巨氣乃平

皇甫隆久留操處無所短長疑其碌碌進伏后被殺乃能罵賊而去始知非庸流也宜爲劉君所度

操纔進爵爲王仙家即來戲侮觀元放之神術驚人何殊安期諸仙之於秦始蓋秦以暴得天下期惡之而速其亡操以暴移漢祚慈亦惡之而促其斃仙眞固有同心

幹之術傳自鬼谷烏有不精其與操卜無不驗矣至西蜀用兵則以許都火災止操之行好讓取漢中也幹之

有助於蜀當爲拈出

關公之葬豈呂蒙賊之也此漢之運公之壽有數定耳

祖天師被除陰慝一以善道化民而嗣師系師修其業

而弗墜惟恐有人橫遭夭閼者漢季雲擾惟巴蜀垂三

十年賴以成治民生晏然其功之及物可謂侈矣宜乎

世有令人出裨至化奚翅古諸侯國天之報施不亦彰

明者哉或者專歸於名山神氣之所秀結故能演迤盛

大如斯其論亦淺矣

殿名建始明欲篡漢乃伐神樹宜爲神所擊

陳登

○華陀三國號神醫　○孟節萬安稱隱者

陀偶遊見一人呻吟道上陀曰此飲食不下之故令取蒜虀汁三升飲之依法調治吐蛇一條長二三尺病愈將蛇赴陀寓致謝小童引至一處見有蛇數條懸於壁上瞽曰此皆吐出者廣陵太守陳登心中煩懣面赤不能飲食陀曰胸中有蟲數升欲作内疽盬爲食魚腥中毒而致飲以藥吐虫三升皆赤頭首尾動摇陀曰今日雖可二年復發必死也後三年病發死一人眉間生瘤癢極陀曰内有飛物人皆笑之陀以刀割開一黃雀飛去有人被犬咬足指隨長一塊痛痒難忍陀曰疼者有針一箇痒者有黒白棋

徐毅　劉祖　賈詡　吳押獄　二子

予二校人皆不信陀剖開取出果應譙郡守病陀曰盛怒乃愈令一客多取貨財而去入留書罵之太守怒令追殺不得恚甚吐血數斗而瘥郎中徐毅病謂陀曰昨使醫曹吏劉祖針胃管卧便不安陀曰誤中肝也五日不救後果然此眞當世神醫現在金城操召至令診陀曰所患風息非湯藥所及當先飲麻肺湯用利斧開腦袋取出風涎病可除根操怒曰汝欲殺孤耶陀曰曾聞關公刮骨療毒乎操曰腦安比臂與彼情熟乘機來復仇耳賈詡諫曰罕有良醫未可廢也操叱令追拷陀受刑屈招吳押獄者每以酒食供奉陀感其恩告曰我死於非命有青囊未傳二子

吳妻 情節全書不傳

黃明

不能繼業修書與汝可往取之吳至金城取回藏之佗知不免大飲如醉湯而死吳報知操殮葬於城南明旦冢上烟起如蒸曰歲餘一道士大呼吳去去其烟頓止吳棄役回家向妻索書妻曰縱學得神術落得斃於獄中故我以爨[illegible]之吳歎恨不已往尋餘燼得一二頁不全者乃劁雞騸牛之法行之大妙操恐身後受患聞山陽黃明字子陽善鑽灼靈龜遣使召至明初住博落山九十餘年但食桃皮及石中黃水後遇司馬季主授導仙八方操出守藏大龜對天虔祝明架龜鑽之拆裂左右二寸捧龜端詳獻其兆繇曰

蜀無山歸我孫吳有水來即平大進兵始得臣

不知進者背也微旨豈顯言哉

延康

歲道遥

蒯潯

操詳問明曰天機也操贈金帛而去是月泉吳遣使入貢稱說天命操以爲未大進兵吳已入臣庚子春正夜夢三馬同槽常不能寐殿中如裂帛驚視之后妃太子等向前索命次夜鬼哭明日遂殂六十六歲後爲魏武華歆出冊立丕爲魏王是年改元延康葬操於漳濱間有女眞虛逍遥曾言此地有王氣故命葬此操先作疑塚七十二處於鄴鄲漳河之傍逍遥桓帝時冀州南宮人父以教授自資女十餘歲不爲兒戲喜讀莊子消揺遊故名自行陰德父母誡其女工炊爨逍遥曰此常人之事耳復取老子誦之年二十餘適同邑蒯潯舅姑以其蠶桑怠惰每酷責之潯屢加辱駡逍遥請返母家歸亦

淩逼終不能爲塵俗事願獨居小室齋潔修行旦夕以香
水爲飲絕食靜想歌曰
笑看滄海欲生塵王母花前別衆眞千載却歸天上去
一心珍重世間人
舉家及隣里悉以爲妖夜聞室内有人語聲曉見逍遙獨
坐又三日開屋裂如雷震但其所服衣履在内仰視半天
有雲霧鸞鶴仙樂香軿彩仗羅列逍遙與仙衆在雲中
歷向下分別郭邑之人咸奔觀驚歎未幾歸家以服食之
物奉父母舅姑及夫其後壽皆百歲自此遊行於世自稱瑤池謫
仙或乘鸞鳳浮遊虛空至是八月石邑報稱鳳凰來集臨

曹洪 弼 文帝 黃初

淄具奏麒麟出遊蒼龍現於鄴黃龍現於譙。百官謂魏當代漢之徵。曹洪劫取玉璽。符寶郎祖弼罵賊死節。築受禪臺於繁陽。丕登帝位。是爲魏文改元黃初。國號魏。廢帝爲山陽公。丕郊祭天地。方下拜。忽砂石飛走。對面不見。不能成禮而還。遷都洛陽。聞河東焦先結草爲菴。獨止。數日一食。冬夏袒不着衣。臥不設席蓐。以身親土。其體垢汗如泥滓。行不由邪徑。目不與女子近視。口未嘗言。有警急。勉與人語。令大守辟至。問以國祚修短。先曰。月盈則虧。不必一統。水枯還漲。且就三分。丕意不然。先告歸河渭。謂土人曰。魏之姓諱著見圖讖久矣。是安初有謡云。聖明聦日截東不橫一。絶火紅四百之外。易姓而王天下。歸止午日重光。

或詢其詳。先曰。約言魏曹丕簒漢。然亦旋當滅也。雍州刺史劉道産錄送一人至洛。姓劉名憒。長大。多鬚髯。手下滕久住武當山去襄陽五百里。且殘久至。不見有所修爲。頗以藥術救濟百姓。能勞而不倦。用藥多自採。精識草石。窮於藥性。丞問事不答。惡其臂長。善攀緣。爲盜竊不難。令付廷尉。憒以兩卷短書與獄吏。求釋吏不敢取。憒焚之。一夜失憒。關鎖如故。閶闔門吏行夜得憒。送廷尉。憒語獄吏云

劉道産

劉憒

(一)劉惇

宋世合此根我獨能已活、

二孔羨

•張嘉

吾弟劉惇在吳北回必來看我今我見殺斂時切勿釘棺後果被殺死數日丕疑此言使開棺不見屍骸但有一束葛根獨活而已丕知是尸解始大悔辛丑春正封孔子二十二世孫羨爲宗聖侯以奉祠三月褒江漁翁張嘉夜過一道者自言姓劉云捕得大魚可於漢中賣之忽水中一道紅光上冲霄漢嘉舉網得一璽玉光燦爛上篆八字嘉素知漢中王仁義遂往獻之譙周曰成都西北角有黃氣數十丈冲天帝星見井鬼之分煌煌如月今得玉璽乃天意也時傳言漢帝遇害爲之發喪制服謚曰孝愍孔明令糜竺築壇武擔山南四月丁巳請王登壇致祭受璽即帝

蜀漢昭烈　章武　吳大帝　吳懿　五溪蠻夷　范疆　張達　張苞　關興　李意期

從建元章武國號蜀漢孔明為丞相立吳懿妹為后帝痛關公之殁急於報讎發使借五溪蠻為策應遣飛為車騎將軍令出閬中孔明輔太子守兩川帝將軍七十餘萬東征張車騎忽為帳下范疆張達刺死年五十九取首奔吳帝大哭關興張苞願為前部命仍結兄弟陳震曰聞青城山西有隱士李意字意期傳說此老乃文帝時人知人休咎可厚幣祈迎試問如何帝令震往土人引入山谷見小童迎曰來者陳孝起乎震驚問童曰師昨言之震入拜陳來意意慨然既至百宮出營迎入碧眼方瞳身如古栢帝請坐李意期於左曰朕欲伐吳報怨望仙翁一決意曰此天數非村叟

潘璋 沙摩柯 吳王

所知帝再三求問意乃曰
羽翼已失。雲漢難飛。利於西北。東南喪師。
取紙筆畫兵馬器械四十餘張畫畢即扯碎又畫一大人
仰卧傍一人掘土埋之上寫一大白字遂稽首而去帝不
喜曰狂士也焚其所畫吳使乞和不允權稱臣於魏丕封
爲吳王蜀兵至秭歸黃忠中箭卒壬寅春帝連營七百里
吳兵取猇亭甘寧被番王沙摩柯射中其頭寧走富池口
坐大樹下死羣鴉數百繞尸鳴噪吳王葬於其側立廟祭祀至今往來客商祭神
有靈鴉送容一程關興天晚迷路至一莊堂內明燈中繪神像與
哭拜曰吾父也老者曰此間家家侍奉置酒食與潘璋

傅士仁

馬忠

良之言良言也

亦來投宿害公者見公顯聖被興斬之得父青龍刀傅士仁糜芳叛公者刺殺馬忠擒公者待首奔蜀營帝公與殺傅糜以祭父吳將范張囚檻車香匣盛飛首遣使臣申前約帝令䖃醢二賊以祭馬良諫曰譬人盡滅願還荊州送歸夫人可乘此休兵矣帝曰若與連和負初盟也權驚惶闞澤薦陸遜有雄才拜爲大都督遜以火破之帝走入白帝城遜追至夔關傍江一陣殺氣尋問土人答名魚腹浦灘邊亂石八九十堆常有氣如雲遜引衆觀之笑曰此惑軍術也直入忽狂風走石江濤聲如金鼓遜驚曰是何神也無路可出一老叟杖徐行逸其引導問所以答曰小壻入川時

吳
黄武
魯王永
齊王理
典操周壽
蜀漢孝懷
建興
鄧芝
張后
雍闓
孟獲

於此布石爲陣名八門陣每日時變化無端可比十萬精
兵頃見入驚門特自生門引出也遂拜謝歎曰孔明眞臥
龍也吳建元黄武蜀章武三年夏帝病沉重燈影下見關張侍
立帝驚問對曰蓋爲不失信義上帝皆勅爲神來迎陛下
也帝請丞相亮至託以大事命次子永三子理拜亮爲父
帝崩在位三年壽六十
六葬惠陵謚昭烈太子禪即位孝懷皇帝改元建興遣鄧
芝修好於吳孫夫人聞之率衆望江北哭祭遂投江而亡得所
時稱其賢立廟於蟂磯祀之甲辰春册張飛女爲后乙巳
建寧太守雍闓結連蠻王孟獲反孔明親自征蠻關公三
子索自荆川保毋逃難過鮑家庄二鮑以妹嫁之索請爲

闓索三娘 十鄂順 一王伉 十呂凱 一擒 二擒 十孟優 三擒 四擒 朵思 十王平

先鋒擒越雋部將鄂順義結之使歸斬闓至永昌太守王伉出迎功曹呂凱南越引嶲後呈平蠻指掌圖孔明用爲鄉導誘獲入谷擒之令放去獲渡瀘馬岱部衆至中流口鼻出血而斃問土人知炎天毒聚瀘水至夜靜而渡衆酋長夜縛獲出獻仍縱之獲使弟優詐降優等醉倒伏兵擒獲復令去遂渡瀘深入不毛獲借八番九十三甸兵來皆頡入陷坑悉遣歸避秃龍洞朵思處塞路緊守王平尋徑衆飲泉水不能言孔明知中毒駕車察探岡上有古廟攀籐而登石屋端坐一將視石碑伏波也再拜祈禱一叟扶杖而來孔明趨問叟曰啞泉也飲之數日方死西南有滅泉沸

萬安隱者

山神

孟節

如湯沃之皮肉盡脫正南有黑泉探之手足黑而死東南有柔泉飲者即死身軟如綿正西谷中有萬安溪有高人號萬安隱者菴後有泉可解此毒有薤葉芸香之草辟諸瘴氣吾山神也馬將軍命來指引喝開石壁而入孔明驚訝拜回備信香禮物啞軍隨往至莊輕扣啟門而出竹冠草履碧眼黃鬚邀入草堂禮坐具述來意命童引軍至溪飲之吐出惡涎便能發聲隱者以栢子茶松花菜相待告曰蠻洞柳花飄入溪泉即毒惟掘泉為飲令多採芸草各噙一葉請問姓名隱者笑曰即獲之兄孟節也遠勞大纛敢以泉草為貨取乎孔明歎曰畏禽盜跖信有之也謝別

□銀冶洞五擒主

□祝融夫人

□帶來

□木鹿

六擒

引兵直入洞口。朶思曰：袖兵也，不可與敵。銀冶洞主來助，忽執獲等解獻孔明。孔明曰：吾屢四擒而無害，豈非天意？獲曰：吾祖居銀坑山，有三江之險，重關之固，就彼擒之，當傾心歸服。孔明然其言。瀘水、甘南水、西城水為三江，洞北平垣，多產萬物，洞西有鹽井，正南梁都洞出銀礦，故名銀坑。中有宮殿，為蠻王巢穴。祖廟曰家鬼，四時以牛馬祭之。每歲祭用外鄉生人。患病不服藥，只禱師巫，名藥鬼。兩水調均，種穀稻不熟，則羹蛇飯象。每月初一、十五，在三江城買賣。獲妻祝融夫人南方神。後其弟帶來言八納洞主木鹿深通法術，具禮請至。騎曰象出，念咒搖帶鐘，搖獸來，巨風衝來，蜀兵敗回。次日孔明驅素倫假獅百頭而進，木鹿死於亂軍。帶來擒獲來獻，令檢搜皆挈利刃。獲曰：自來送死。即令再放，獲詣烏戈國主

兀突骨

七擒

㈣猖神

沙壺

㈤九隆

兀突骨兵穿藤甲孔明於盤蛇谷埋伏地雷誘入盡爲灰燼孔明歎曰必損吾壽矣獲同宗兵後應皆被擒住獲吾淚與衆痛哭曰丞相天威南人不復反矣就令永爲南中之主蠻人感孔明恩德建生祠拜祝呼爲慈父班師至瀘水忽陰雲四合獲言此水有猖神爲禍本國用人頭祭之孔明令行廚以麵塑人頭中實牛羊肉名饅頭設祭風息至永昌城南九嶺有異召問土人云昔有婦名沙壺浣絮水中觸沉木有感妊娠九男後沉木化爲龍衆子驚走惟季子負龍而坐龍因舐其背蠻語謂背爲九謂坐爲隆故名九隆長而黠衆推爲酋長又有一婦生九女九隆兄弟

孔安
龐煥

娶之皆刻劃其身象龍文世居山下孔孔明令鑿斷山脈泄其氣用龐煥為牂牁太守孫德公留佐凱順同守四郡孔明回都安漢將軍麋竺乃心道德苦無名師指點聞李阿者居成都角上土窟中相傳其穴居已久不食米穀冬夏單衣飲少酒食脯及棗栗容顏不老號百歲翁人往問事但以顏色示人若欣欣則吉慘戚則凶含笑有太喜徵歎有深憂如此候之百不失一人欲遠行速至往求其術阿與一符并丹書兩腋下則千里皆不盡日而還或有與論九州事阿說四方國土宮觀寺廟人未曾見聞者疑之耳聽未真眼見是實

操數當盡乃殺華陀而陀亦當解去

仙史曰昭烈之起卧龍犬五虎是即帝王家之金丹也南人爲伏波武侯立廟千古來蠻方止識兩人而已萬安隱者爲孟獲之兄遐方亦有高人即猶展氏之有盜跖也安得以蠻夷而忽視之伊周學道於武當專破除左道耳八衲洞主何能逞其伎倆

李阿在蜀能識之者惟古强麋竺遂得傳其道固知仙家度人必先根器也至於曹休之兵敗修眞畧與鍾離彷彿

○古強

○遇宫嵩細談仙侶 ○救杜爕特用神丹

李阿即撮土作之城郭僮盈十其中人物皆見須臾消滅一旦忽去後復於成都市乞食人多爭與隨所得多少盡施貧者夜去朝來莫知其蹤有古強者疑阿是仙常親奉事試隨還所宿處乃在青城山中其後欲去恐有虎狼私持其父大刀阿見而怒曰汝隨我行何畏虎也取強刀擊折強竊憂之至旦阿問曰汝憂刀折耶曰實恐父怒阿取刀左右擊地復如故強每從之遊道逢牛阿以足置車下轢其足骨皆折輒死強守視不去須之復起以手抑足遂平好強年十八時見阿如五十許人強年八十餘復遇

而阿容色不改奉之彌篤受法書得道竺見阿作事奇異
毅然安頓家小獨辭孔明隨之學道阿知其心誠引入青
城先教延年之方竺自改名長生敬事不懈盡傳其有晉興
時阿忽謂竺曰吾被崑崙勅召當應命汝居宁此山常有仙眞聚會汝學有進益也與生同居青城別洞修道

魏明帝

年夏魏主丕殂年四十在位七年子叡立改元太和帝明位鍾繇爲太傅

太和

華歆爲太尉耻居大位欲讓寧寧不受歆少與同鄉邴原
與寧同學時謂一龍寧以歆志趣下割席分坐久與之
絕避居遼東二十年匿光養浩而舊帽不易坐一棃榻積
五十五年未嘗箕踞榻上兩膝着處皆穿公孫度恒禮敬

公孫淵

之至淵放恣度孫康乃復歸鄉里魏主凡徵聘十至不起卒年八十

一出

一夏侯楙

十姜維

十曹眞

一馬謖

◎周魴

◎曹休

五郦原度亦累聘不赴歎曰郦君雲中白鶴非燕雀之網所能羅也王烈少師陳寔里以孝義稱度謁不見謂其三人同一心（後與管郦同終）丁未春孔明出師攻祁山擒夏侯楙（子淵）放去得天水安定二郡於冀城計降姜維授以韜略又累敗曹眞鍾繇保司馬懿大敗馬謖於街亭孔明退入西城乃披鶴氅戴華陽左童捧劍右童執麈尾上敵樓焚香橫琴徐操懿臨觀大疑急退去孔明歸收謖斬之吳鄱陽太守周魴賁牋誘揚州都督曹休（操之族子）伏兵於石亭邀擊休敗回洛疽發背幾死有道者踵門曰公素奉齋不嗜殺故來援耳出丹敷之尋愈不受謝而去休遂棄職遁去遍遊

二出

十郝昭

三出

名勝、隱於黟山、有三十六峰、三十六源、二十四溪、十二洞、八大巖、高一千一百七十丈、唐天寶六年六月十七日、改名黃山、為神仙都會、浮丘與黃帝容成遊息於此、有煉丹峰、浮丘峰、容成峰、軒轅峰、帝採紫芝於此、仙人峰、浮黃昇處、望仙峰、帝上昇、羣臣援龍髯墮此、故下有龍鬚草碁石峰、羣仙圍碁之所、局子皆存、人不能取、休別號德休、在浮丘峰修煉後為公引去、曹溪與浮丘溪相連、後有人至仙壇、見樓臺苑然、前有白蓮池、左右鹽積米積、歸而邀人再去了不知其處孔明聞休敗、復欲伐魏、趙雲病卒、進圍陳倉、郝昭隨機應變。孔明糧盡引還、己酉春、探昭病篤、襲破陳倉、攻拔武都陰平、大軍出祁山、遣使乞吳興兵、以分魏勢、黃武八年夏、有道士涉正、從二十弟子入武昌、言自巴東來、說

吳大帝　黃龍　徐后　太子登　宮嵩　介琰

秦時事如見獨處一室雙目常閉雖遊行亦不開視弟子隨之多年莫有見其開者一弟子固請乃爲開目音如霹靂光如火電皆伏地頓首良久不能起已復還閉入見吳王稱說天運當順時稱帝近日武當北山鳳儀大江黃龍見權未決多官皆勸選日築壇請權登位是爲吳大帝改元黃龍立徐氏爲后子登爲太子陸遜輔守武昌自還建業正率弟子至江東遍訪有緣爲道友有瑯琊宮嵩一本姓宮服雲母百歲面色如童常出入衍嶼山在吳駐足正招與語甚相愛敬嵩曰有介琰者住閩中東冶方山即建安山得師白羊公公初號爲修羊公知景帝將終留題白石羊遁去在閩中娶

白羊公

杜必

殷氏

⊙介象

⊙杜契

⊙杜燮

妻小攺曰杜必生子五人復棄家東遊琰遇而事之受玄
白元一無爲之道能變化隱形必欲入東海琰從之過秣
陵必止琰勿行言有道緣因居吳下娶殷氏女生子名象
後見吳王權言諸變幻歷試奇驗禮敬之爲琰起靜室數
遣問其起居琰時爲童子時爲老翁無所食啖不受餉遺
王欲學其術琰以王多內御不肯傳王怒下琰於獄逼傳
乃放有京兆杜契（字廣平）建安初與三弟燮來依孫策策爲
犯我師于神仙身死黃武二年王用契爲立信校尉契知
琰有術潛入獄中求道琰感其意誠授以黃白之術王曰
遣獄吏傳語三月不得大怒縛琰懸殿東軒上令甲士三

已上皆嵩語

(30)葛孝先

十人引勁弩集射弩發而繩索獨存琰不知所之矣王始
大悔并得琰之傳暗自行之久久能分形遁迹退居茅山
之東收心愛者爲弟子時與衆採伐材木貨易山場里市
爲燒煉之費數入深山巖洞中求仙遂不復返王知并仙
去聞其弟燧有才學用爲交州刺史而不知介琰有後尚
未得沾其恩也涉正曰琰之後近在何處嵩曰琰被收時
先教妻子移入會稽山許久不聞音信若此子有成必當
升聞於朝但我師臨去有言數我暫住東吳自有神師來
應入吳句
度數年前有飛仙左元放至此因往拜謁言東南氣旺神
仙亦將會聚幸即收我爲徒師至丹陽遇葛孝先深相契

洽錄爲高弟曾受淨丘之託往靈墟開悟丁令威矣欲隨之往左師討定令歳有涉仙來此命好接待云在青城曾上曾聞八百翁呼涉仙爲四百歳人蓋秦時墨子高徒令翁適至果應師言正曰李翁知我者也自此同居一舍欲訪介象潛至會稽象字元則弱冠能屬文隂修道法嘗入東嶽遇異人受禁制之術能茅上燃火煮雞雞熟而茅不焦能令一里内不炊不蒸雞犬三日不鳴吠一市人皆坐不起能隱形變化爲草木鳥獸聞有五丹經周旋天下尋求不得其師乃入山精思冀遇神仙疲極卧石上有一虎往舐象額象寤謂曰若天使來侍衛汝且停若山神使來

駱廷雅

試我速去我不畏汝也虎乃避去有人種黍於山谷若獼猴竊食戒曰吾告介君猴即遁象復入山見瀨中石子如雞子有紫光取兩枚欲還見一美女年十五六衣服五彩象乞長生方女子曰汝急送手中物還故處乃來於此待汝象送石子至瀨還見仍在叩首謝請女曰血食之氣未盡可斷谷三年更來吾止於此象歸斷谷二年復往果在前處求得還汁經一首女告曰得此便仙勿他爲也象持歸常住弟子駱廷雅舍下惟有屛牀時數生論左傳大義不平象傍聞之不能忍乃忿然爲决書生知非常人皆拜師之涉正得象之消息遝回建業時黃龍二年蜀使入賀

合謀令遜遥為聲勢正容奏象事即遣使厚幣徵象象欲遠遁曰恐官事拘束我耳廷雅固留乃止象至武昌吳主甚敬之稱為介君爲起第宅以御帳給之賜遺前後累千金從象學隱形之術試還後宮及出入閣莫有見者又令象變化種瓜菜百果皆立生偶共論魚鱠何者最上象曰鯔魚吳主曰此魚生海中可得乎象曰可得但令殿前掘坎著水垂鈎坎中須臾得鯔吳主驚喜問可食否象曰敬為陛下取作鱠象屢求去不許乃告病吳主遣左右姬侍賜美梨一奩象食之隨死殯瘞之次日象至建業以所賜梨付苑吏種之吏以表聞令其徒發棺惟一奏版符耳

吳主思象即其所居爲祠時親祭之常有白鶴來集座上
蓮迴復去後弟子見象在蓋竹山中持白桃花一枝顏色
更少涉正亦欲西去以服食施行之物盡授諸弟子其法
皆以運行精氣絶房室事以服石腦小丹法贈官嵩獨自
入蜀尋李八百是秋廣州有司言趙嬰齊墓夜騰金光命
發其塚得玉匣珠襦金印三十六皇帝璽二龍劍三各有
刻文曰純鉤千將莫邪吳主以爲不祥令悉焚之惟劍不
燬留一自佩埋二於富城交州申報刺史杜燮上任年餘
忽得毒病死三日有候官縣醫人董奉時在南方行道隨
一人負囊聞而求治燮家人告曰已踰三日恐不復救也

奉强進見出藥三丸教納燮口令搖其頭而消之食頃開目動肢顏色漸還半日能起坐後四日乃能語云死時奄然如夢見數十烏衣人來收將載露車上入大赤門逕以付獄獄各一戶戶纔容一人以土外封不復見其外怳忽有言太乙遣使來召急開去之聞人以鍤掘戶引出外有車馬赤蓋三人共坐車上一持節呼燮上車將還至門而覺燮既活起高樓於中庭居奉不穀食惟啖棗脯多喜飲酒日爲三設之奉每來捷如飛鳥後從燮求去涕泣固留不許燮曰君欲何之當具大舡奉曰但用一棺器耳燮聊爲具明日日中奉死殯埋七日後有從巖昌來寄言謝杜

侯、順時珍攝啟視有帛丹書一符不敢諱謹聞吳主端奉丹符敕召爕爲侍中探蜀以蔣琬爲長史庚戌秋曹真司馬懿寇漢中孔明曰畢星躔太陰分月内必大雨果然真敗死懿欲鬭陣法孔明佈八陣擒其三將辛亥春進圍祁山爲乏軍糧驅六甲丁神作縮地法割隴西小麥凡屯處種蔓菁以充食菜俗謂諸葛菜報東吳入寇回軍張郃追至伏弩射死諸葛均居娶江與黄承彦同隱承彦卒均爲之殯葬是秋孔明在府休養均入見問及諸友行踪均言崔石俱故孟獨優游惟司馬德操攜琴入山遇猛虎奔至跨上升嶺不見孔明深慨呼三子一女出拜均曰三兒分

十諸葛恪
○諸葛果
一諸葛企

仕三國吾宗當興孔明感額曰安不忘危易之知幾乎聞恪姪剛躁非保家子弟誕固執寡謀亦非令終者我受付託之重以身許國此女愛不字人常教以禳斗之法彼即奉事不懈後必證仙果故名曰果三子戇愚臨難不違我教吾弟潛身遠害非愚兄等所及也但愚長兄同胞先叔撫育能全此二枝惟在吾弟耳於臨席曰遵命孔明曰歸即挈家入吳世爲福地乞次姪爲嗣隱姓避居囑誕瑨與吳好有急可投是夜令次子企拜均爲父隨去江左連年豐稔是冬又大熟由拳一禾長丈許華秀三月挺生八穟經霜不凋明年乃穡實收數升（壬子春吳改元嘉禾）改由拳曰嘉禾

嘉禾

諸葛謙

魏

青龍

六出

又曰嘉興均至吳瑾率二子出迎携均至別室曰恪男矜驕痛懲不悛深以爲慼均曰欲領謙姪遊學孔許之乎瑾與拜叔爲父隨隱入吳下均稱公平先生以謙爲諸姓企爲葛姓魏於是春摩坡井有青龍升起明年改元青龍甲寅春孔明作木牛流馬運糧大舉伐魏太史譙周諫曰近有羣鳥數萬自南飛投漢水死奎星躔於太白都民皆聞栢樹夜哭不可出師孔明不聽出五丈原分兵屯田數挑戰司馬懿不出假屯糧上方谷誘懿父子來劫藏地雷發作忽暴雨懿等遁去孔明曰謀事在人成事在天以巾幗遺懿孔明病復發夜觀象驚曰命在旦夕矣乃自祈禳北斗布燈拜告

一費禕　馬鈞　王剛　二趙該　三趙愛兒

忽主燈撲滅、孔明歎曰死生有命不能強也以所著書授
姜維道表上達言蔣琬費禕可任國事遂薨時八月二十
三、懿兵來追維反旗鳴鼓懿斂軍而退扶柩至都帝哭祭
遵命葬定軍山建廟時饗、加琬爲丞相、禕爲尚書令報喪
於吳、明年春瑾卒帝亦令弔問誓相和好、魏於洛陽造殿
築觀立僊鑒池博士馬鈞監督務極華麗人民怨聲載道
時城門校尉王剛字伯綱、范陽人、性不嗜殺開故幽州刺史劉虞
之別駕趙該有姊曰愛兒少好道德終得西母指教居世
長命剛乃棄職往訪得傳尸解之法未幾愛兒受母符籙
令守東華方諸臺去剛復師西城王君引謁上真隨王君

○王抱臺

○名曾連

登玄洲、一名元洲四面元濤大波上、詣仙都闕下、朝主仙道君、命侍女王抱臺、披綠鞶瓔、笈出隱書龍文八靈眞經授職清虛眞人、剛自玄州回、即示以尸解、女名曾連、見父化去、知神仙眞有、遂勤志修道、單身入陸沉山、後遇太一眞人授飛昇丹要、行一年成、至是白日昇天、見者莫不訢羨、魏主叡聞之、召馬鈞問曰、朕建高臺峻閣、欲與神仙往來、以求不老方耳、鈞曰、漢武帝起栢梁臺、銅仙捧玉露盤、接沆瀣、名天漿、和玉屑服之、所以享國最久、叡命往長安拆之、臺與銅柱忽傾壓、死人夫千餘、鈞回奏、令打碎銅柱運至洛陽、鑄二銅人、侍銅仙列司馬門外、號翁仲、克配仙眞、實

九

孫權遲當稱帝、故涉江入吳故之、乃引出宮嵩介琰、杜
必杜契箒、一派仙眞、或伏或應、筆花閃爍、幾令閱者目
眩、
奉之丹、即爲太乙使者、其用同於符籙、奇矣、而杜爕之
死、有鳥衣人載以露車、納於獄、而泥封其戶、更自奇異、
八陣玄微、蓋本握機陣化出、得風后祕傳、庸人豈能測
哉、
孔明以次子託於弟均、明知蜀漢將終、已身將去。故留
一支以延其宗

□□丁令威化鶴遼東　□□康僧會建圖吳下

秦鑄金人於咸陽董卓椎碎其十以鑄錢餘二枚魏命徙之金人潸然淚下載至東霸城重不可致乃留焉（後石虎徙之鄴）符堅遷徙長安銷之爲器文鑄銅龍鳳立殿前上林苑種異木奇花畜珍禽怪獸以爲蓬萊宮闕太原有郝姑字女君（昭之族姑）徒居冀州與隣女十人於漚溁（疑以漚溭）水邊挑蔬有三青童至云東海公娶女君爲婦言訖歎萬揮於水上行坐往來若陸地童子侍側泝流而下隣女走告其家家人奔看姑遥曰幸得爲水仙願勿憂怖復言每年四月送刀魚爲信少頃不見鄉人建祠祀之常年初夏多有刀魚飛擲上厓州縣長吏

毛后　郭后　景初　延熙　赤烏

祈禱必在外先拜然後得人祠謁見祠在冀州西北四十五里祠前窓生青石一塊縱橫可三尺餘旁有題姑夫上馬石五大字長吏上達魏主遣使來祭青龍四年秋張掖柳谷口水溢亦涌出一石上有負圖若龜其文曰大討曹三字獻見之喜下詔須示嘉瑞丁巳五年廢毛后殺之立郭夫人爲后改元景初是年蜀漢張后崩明年改元延熙吳豫章有赤烏之瑞改元赤烏九江瑞昌有赤烏磯是春襄平公孫淵自稱燕王司馬懿討斬之將還師郡城南門華表上集一白鶴人語而歌曰

有鳥有鳥丁令威去家千歲今來歸城郭如故人民非何不學仙塚纍纍

少年舉弓射之鶴曰我是丁令威射我何爲棲三日不去
懿往觀之令威本遼東人周末隨莊生學道靈虛既遊陽
山遇公孫聖教以煉丹有丹并在後從浮丘伯得仙道復得左
慈法術能分身變幻任意所欲近會葛仙翁相邀南遊閬
皂以去家歲久化鶴暫歸俯觀風景不勝感慨因作歌自
歎多有引弓擲磚漫加戲侮懿立馬仰視令威謂曰
仲達公仲達公作速班師還洛中從茲付託調羹重晉
祖全收一統功
懿佯怒曰此怪也久處則惑人喝左右發射令威振翮冲
天望南旋摩飛去懿回軍屯在許昌夜見毛后索命得疾

沆重假寐見一黃冠羽流修髯長臂直至寢殿曰予金道士也汝大興土木辱臣害民寵妾奪嫡以養子承祧如此無道得令終幸矣乃冀遇神仙妄求長命吾在長安已久被汝拆臺破柱拘來憤甚可送還汝命苟延十晷叡伏地求免流汗而覺知銅仙作祟急令運送長安行至東覇二銅人處忽重難舉即停於此並立後一人與一老翁共摩娑銅仙指謂曰適見鑄此已近五百歲矣言訖便去有人識是西河薊子訓隨呼曰薊先生少住同行先生雖應之走若徐徐而奔馬不及未幾叡病篤召太尉懿與曹爽真子輔政叡殂在位十三年壽三十六

芳嗣位叡養子時年八歲改元正始遣使入㫒

正始

諸葛靚 | 夏侯玄 | 鄧艾 | 黃皓 | 陸抗 | 何晏 | 鄧颺 | 荀粲 | 王弼

報長尚書諸葛誕次子靚字仲思為輔行諸葛均潛招與語孝結吳為外援靚謝教歸告誕不以為然誕嘗與夏侯玄讀書一室暴雷震破其所倚之柱衣服焦然玄色不變誕亦自若皆讀誦如故其坦率若是懿用鄧艾策屯田積穀於壽春甲子春曹爽入攻漢中費禕救却之乙丑冬蔣琬卒以禕為大司馬宦官黃皓始與政是年吳丞相陸遜卒子抗代領其衆曹爽獨柄魏政以弟三人典禁兵用何晏鄧颺為尚書晏字叔平好老莊不究其旨與夏侯玄荀粲王弼之徒競為清談祖尚虛無謂六經為聖人糟粕遂成風俗晏請管輅與論易理颺在座謂輅曰君自謂善易而語不及易中詞義何也輅曰夫善易者不言易也晏笑

至理惜與愚人言之

嘉平

而贊曰可謂要言不煩颺問夢青蠅十數來集鼻上請卜之

輅曰此履道休祥非卜筮之所知至於鼻者爲艮天中之

山高而不危所以長守貴也今蠅臭惡而集之不可不思

害盈之數盛衰之期故山在地中曰謙雷在天中曰壯謙

大言易矣

則裒多益寡壯則非禮勿行願追六爻之旨思彖象之義

妙語

颺勃然曰此老生之常談也輅曰老生者見不生常談者

見不談拂袖而出晏颺大笑曰眞狂客輅回言於舅舅驚

曰二人威權汝安出此言耶輅曰與死人語何懼之明年

春太傅懿勒兵據武庫馳奏爽謀反軍衆悉散盡收爽等

夷三族懿爲丞相加九錫改元嘉平輅之舅問何以前知其敗

邢子

孫妻

軨曰鄧之行歩筋不束骨脉不制肉起立傾倚若無手足此夕鬼躁何之視候魂不守宅血不華色精爽烟浮容若槁木此爲鬼幽皆非遐福之相身服其鑒軨嘗自曰天與我才明不與我年壽恐四十七八間不見男婚女嫁也時年四十八男女將婚嫁恐終不得見乃棄家遊學入川南行路遇蜀人邢子與論景致邢子曰蜀中山高少日每日中方見羣犬驚異而吠我少好犬亦知相犬一日放犬忽走入山穴深處隨入十餘宿行度數百里穿出山頭上有臺殿宮府青松森然官吏侍衛甚嚴見所喪妻在彼洗魚毓見子痛哭言死後魂魄無依飄蕩至此遇蔣君謂戚倩

喬君

潔留爲執事仍許夫婦後可再會遂引予見李君與符一
函使還與成都令喬君喬發函皆魚子放池中畜養一年
皆爲龍去喬君復令送函還山勅勿開視至山李君啟放
之有小雀千頭遂留止山上撥令夫婦同居前所放之犬
色更血赤脇有長翰常隨我飛走時下山護待宗族使無
疾苦蜀人立祠於谷口今早領李君命言有神童管轄來
此令我遠迎吾子骨格清秀風致不凡諒是也轄然之即
同至金堂山谷李君引官吏迎候笑謂曰管子遠來不憚
勞乎至殿對拜設宴款待轄遜謝不遑殷殷以眞道諮問
李君曰但能悟出本來則眞道自得矣因送至峨眉之西

旨哉良晤也

仙眞與會

范寂

息臺居止有道童來曰鬼谷君子當速往輅隨至洞相見乃容生也輅下拜叙舊更問巳之本來先生曰此須自悟非可言也留飲而别静悟玄眞十餘年見一人蒼髯古面跨鶴捧卷而至曰昔爲老儒宿練故得生小壑奇大喝曰還想他家祖宗忘却本來面目輅低頭一想始悟巳是臨邛胡安化身張目大笑巳不見其人撚髯視之忽化爲蒼白鶯訝間邗子至曰先生覺乎李君請作悟眞佳會輅遂什衣同往鬼谷知其還元亦來赴會自此輅寄居金臺青城山中赤城閣前有巨楠高數十尋圍三十尺道士范寂手植寂得久視之術年百歲餘蜀民咸奉爲仙稱曰長生

十司馬師

十司馬昭

先主累召不出。至是帝降閤中問道。寂但曰、陛下安樂。雖晩未致終鈍。勅改碧落觀（宋改生觀）長寂。謂帝曰、魏賊既亡。當思招賢。帝不解隱語。辛未司馬懿卒。長子師爲撫軍大將軍。爲遼東鶴言。知有天下分。聞山陽東郭延能逆知生死富貴。與弟昭往謁。延（字公淵）事李少君得道。胃服靈飛散。年四百歳。絶無老狀。能夜書蝌蚪細字。在暗中坐。身光照耀一室。能望平地數十里。小物辨形色不錯。或問鼎足分争何時寧。一延曰、蜀呉二國亡於皓首。（黄皓孫皓也。首手也。）魏作邪歳、二火恰受。（炎也）詳問不復答。一旦有數十錦衣人。乘虎豹來迎。比隣盡見

一蔣濟
㈡蔣琳
㈢孫珂
一弦超
八成公智瓊

延辭別親故，云往崑崙辦事矣，與錦衣乘雲而去，明日撫軍至隣里，述其對或人之言，師昭默識而返，太尉蔣濟朝會時，言伊妻夢亡兒琳曰，兒爲太山伯案牘山積，苦不勝言，今廟西有謳士孫珂爲太山令，願父囑珂令轉我於樂處，往訪得珂，與言其故，珂許之，後月餘復夢兒曰，已得輔太山錄事矣，師聞是語，愈信神鬼，徵問各州郡異事，官吏渙黛以聞濟北郡從事掾弦超，字義起，中夕獨宿，夢有神女來從，稱天上玉女，東郡人，姓成公，字智瓊，早失父母，上帝憐我孤苦，令得下嫁，超覺而欽想，如此三四夕，一旦顯來，駕輜軿車，從八婢，衣羅綺，狀若飛仙，言年七十，視如

惟神者能之

超何德致此

文欽

廿五六車上有異饌醴酒與超共飲食謂曰宿運宜爲夫婦不能有益亦不爲損惟得常駕肥馬輕車可致遠味異膳繒素充用不乏然我神人不能爲君生子亦無妒忌不害君昏姻之義遂爲夫婦所贈之詩不能悉舉復註易七卷有卦有象以象爲屬故其文言既有義理可以占吉凶猶揚子太玄薛氏之中經也超皆能通其旨意用之占候經七八年父母爲超娶婦之後分日而燕分夕而寢夜來晨去倏忽若飛惟超見之每超當有行求智瓊已嚴駕於門千里不過半日超後爲濟北王門下掾青龍中文欽作亂明帝東征諸王見移於鄴宮官屬亦隨監國西徙鄴下

狹窄四吏共一小屋超獨卧智瓊常得往來同室之人頗
疑非常智瓊止能隱形不能藏聲且芬香達於室宇遂為
伴吏所疑後超嘗使至京師空手入市智瓊給其五匹弱
緋五端綢紵采色光澤非鄴市所有同行吏詰問超性疎
拙遂具言之吏以白監國委曲問訊恐天下原有妖幻亦
不咎責超久歸玉女求去曰我神仙也不願人知今本末
已露不復與君通接叠年恩義一旦別分豈不愴恨呼侍
兒發簏取織成裙衫兩襠遺超把臂告辭肅然升車去若
飛流超憂感積日後五年超奉郡使至洛到濟北魚山下
陌上西行遙望曲道頭有一馬車甚似智瓊所乘驅馳前

王昶

王表

求福妖邪

亡之道也

視果是遂披帷相見悲喜交至授綏同乘至洛京復舊好但來有常期三月三日五月五日七月七日九月九日月旦十五來輒經宿而去司馬師聞之甚憶寢食俱廢侍中王昶曰仙緣會遇非必然也大將軍未可枉想師意稍解

吳主權晚好神仙僧道嘗與張昭論神仙騎都尉虞翻曰彼皆死人而語爲仙世豈有仙人耶權怒徙翻於交州復徙蒼梧猛陵而卒赤烏初臨海羅陽縣溫州瑞安有神自稱王表周遊人間飲食言語無異而形不可見權以羅山印綬授表即隨使詣建業問其禍福表言太子不久當死權未之信其所在與守令等旋論水旱往往有驗明年去王亡羅往

孫和
王夫人
全公主
孫亮
潘后
太和
支謙

山、太子登患病、於赤烏四年亡、權立次子和（王夫人生）庚午被全公主譖廢、又立三子亮（潘夫人生）辛未（改元大元）立潘氏爲后、復封和爲南陽王、先是月氏優婆塞支謙（一名越、字恭明）來遊漢境、博覽經籍、遍學異書、通六國語、其形細長黑瘦、眼多白而黃睛、時人爲之語曰、支郎眼中黃、形軀雖細是智囊、漢末避地於吳、權聞其才慧、召拜博士、使輔導東宮、謙以經多梵文、未盡翻譯、已妙善方言、欲集衆本譯爲漢文、從黃武元年至建興中、所出維摩大般若泥洹法句瑞應本起等四十九經、曲得聖儀、辭旨文雅、又依無量壽中本起製菩薩連句梵唄三契、並著了本生死經等、皆行於世、吳地初

康僧會

染大法風化未全有康居國僧人名會世居天竺其父因商賈移交趾會年十五親亡出家厲行甚峻篤志好學明解三藏博綜六經欲使道振江左興立圖寺乃杖錫東遊赤烏十年初達建業營立茅茨設像行道有司奏曰有異人入境自稱沙門容服非恒事應察檢權曰昔漢明夢神號稱為佛彼之所事豈有遺風耶即召詰問有何靈驗會曰如來遷跡忽逾千歲遺骨舍利神曜無方昔阿育王起塔

阿育王

及八萬四千夫塔寺之興以表遺化也權以為誇誕謂曰若能得舍利當為起塔苟其虛妄國有常刑會請期七日謂其徒屬曰法之興廢在此一舉乃共潔齋靜室以銅瓶

加几燒香禮請七日期畢寂然無應求申七日亦復如此權謂欺誑將加罪會更請三七日權又勉聽會誓死爲期三七日暮猶無所見法侶莫不震懼既入五更忽聞瓶中鏗然有聲會視果獲舍利及旦權手執瓶瀉於銅盤舍利所衝盤即破碎權肅然驚起曰希有之瑞也會進言曰其威神豈直光相而已火不能焚杵不能碎權命置於鐵砧使力士擊之砧碓俱陷舍利無損權大歎伏即爲建塔以始有佛寺故號建初寺名其地爲陁里復建塔於吳郡之盤門上安舍利常放光華號瑞光寺吳下奉爲開山之祖由是江左大法遂興權尤好玄門聞闞澤善黃老學召問

許成子陰符道德宗旨澤對曰昔許成子容成原陽子浮丘老子莊子原陽子皆修身自玩放暢山谷縱汰其心學歸淡泊漢景帝以黃子老子義體甚深改子爲經始立道學敕令朝野悉傳誦焉常令澤講究經義稍得其趣權年七旬專事長生唯好內養得享遐齡

管子悟徹本來絕妙玄機集中亦不多見又帶出邢子小傳一段亡婦重圓可作傳奇張本

曹氏當滅晉代當興有許多報信者如令威東郭諸人非神仙好事想亦深惡魏之篡漢耳

○○溧陽渡伍相留賓　○太行山王烈質及

時有葛孝先名玄丹陽句容人元和丙戌四月初八日生少習道術年六十不得眞道桓帝時遊天台遇老君授上清靈寶大洞諸經因師徐太極學相始受左慈九還丹液仙經與丁令威入閭皂修煉已久自是道行日高嘗與客對食言及變化事各曰食畢願先生作一戲玄曰君得無促促欲有所見乎乃嗽口中飯成大蜂數百皆集客身不螫有間玄張口蜂爭飛入嚼之仍飯也玄或宴客冬設生瓜棗夏致冷水雪無人傳杯杯自行至客前酒乾杯去衆服其神吳主遣人候至作法爲樂玄指殿前石人使行或使臥處床榻踴躍

吉至明武末方

指蝦蟆及諸飛行蛺蝶燕雀使其歌舞絃節皆如人狀權大喜自此行坐相隨共登都城西北一山遊覽令望魏蜀氣運玄曰二國爭盡吾國進取也即今四望山權泛舟遊三江口令玄別坐一船至溧陽忽遇狂風舡多漂沒權大舡幾覆急退入港從舡已不知所在權歎曰孝先有道何亦不免踰宿見其分波而至舟傍獨立水上不溺衣履無半點濕痕猶有酒態權令扶起問之曰昨爲伍子胥強邀留飲是以淹屈陛下權愈加敬禮玄嘗謂陛下崇禮釋道歸當日侍通明殿也是秋八月朔大風西刮江海波濤湧起八尺吳之先陵松栢皆拔飛至建業城南倒插於道權受驚

吳主亮 建興 丁奉 金鐏將軍 毌丘儉 甘露

咸病召玄其從者曰今早攜囊乘牛云欲遊蒼梧爲致謝皇帝南方帶玄孫來貢御也至次年壬申夏四月吳主殂在位二十四年壽七十一葬蔣陵太子亮立改元建興司馬師遣弟昭伐吳太傳諸葛恪用丁奉大破之乘勢進取忽地起白虹遮斷恪驚墜馬攻淮南被毌丘儉敗回誅戮諸將由是府中怪異百出全家爲孫峻謀殺魏張緝芳之后父嘗曰恪威震主何能久乎緝惡師專權謀泄伏誅師廢芳迎文帝孫髦爲帝改元正元二年春毌丘儉同文欽興兵伐罪師親征欽子鴦劫寨師眼珠從瘤瘡口迸出令諸葛誕都督揚州師回夜見緝等立榻前瘡血不止而死昭爲大將軍明年改元甘露蜀費禕爲

郭循
吳五鳳
吳太平
蜀景耀
孫琳
吳景帝
永安
余縣長

郭循刺死姜維擒循殺之、甲戌夏吳改元五鳳會羌胡軍伐魏
重圍昭於鐵籠上昭拜井得泉潰圍去、丙子春吳改元太平以
維爲大將軍時數出師蜀人愁苦譙周作仇國論諷之、戊
寅改元景耀魏甘露三年諸葛誕集兩淮軍討昭瀧入吳
求援誕兵敗夷族吳兵敗歸、丞相孫峻病目爲恪拳擊其
胸嘔血死以從弟琳輔政强暴更甚吳主謀討事泄廢爲
會稽王立瑯琊王休權第六子是爲景帝改元永安、琳又黜亮爲侯官侯
時年十七被徙悲憤自刎不即死舉家驚惶適有人踉蹌
奔至語亮家人曰某姓余少年嘗作本縣長有董奉者年
約三十餘我罷去五十年路經於此諸故吏謂舊長來見

全后　十張布　成濟　□髦元帝

奉亦同至顏色如昔不異因問曰君得道耶奉曰偶爾遂葉家隨之南至交州治刺史杜燮復至廬山忽欲歸故土言救受屈帝子教先入報全后令請入奉視曰無妨啟囊出針線縫之外敷散藥少頃灌湯食物亮願以餘生相從奉曰奚堪受此岑寂不久復位會稽也亮酬以金寶拂袖出堂余亦隨去吳主休與張布丁奉密計臘日大會擒琳斬之掘戮峻屍休迎兄欲還帝位亮不受諸葛謙為兄恪遷葬吳拜瀏為右將軍（謂葉北歸南去木傍從覲）已卯魏寧陵井中黃龍二現髦曰龍君德也數屈於井作潛龍詩以自諷明年昭遣成濟殺髦立操孫璜（改名奐是為元帝改元景元）鄧艾表請乘時

三

晁元
鍾會
嵇康
阮籍
阮咸
山濤
王戎
向秀
劉伶
周太賓
姜叔茂

西伐、鍾會謂内患未除勿專事外會素忌一人其先上虞奚姓避怨家徙譙郡家嵇山因以爲姓名康字叔夜丰姿俊爽好言老莊尚奇任俠嗜酒溺音與陳留阮籍籍兄子咸河内山濤瑯琊王戎河南向秀沛人劉伶時相友善司馬昭徵康爲中散大夫尋棄去寓河内之山陽結社於竹林爲雅遊之地常揮麈談玄或鼓琴賦詩飲酒號竹林七賢皆崇尚虛無遺落世事當時謂之放達士大夫爭效慕

之秦孝王時有道士周太賓巴陵侯姜叔茂並好玄理學道在句曲山種五菓五菜貨之以市丹砂皆得仙道叔茂曾作書於太極宮像云

㈠孫登

昔學藝鬼谷得道於少室養翮於華山待舉於逸城時

乘飈車宴於句曲

太賓善鼓琴能揮獨絃而八音和以教麋長生孫廣田長

生隨李阿東遊聞太賓絕技因從而學琴習成辭去廣田

名登字公和汲郡人。智深行曠性無恚怒或投之水中欲觀其怒

登既出便大笑嘗住宜陽山有作炭人知非常人與語世

事亦不應知句曲有一晦迹道士負笈從之勤事數年盡

得其傳復回汲郡已無家屬乃住共縣蘇門山北西屈中

夏則編草爲裳冬則披髮自覆善長嘯捲舌蹙雨作吹而出聲好讀

易鼓一絃琴時魯般居蕩陰黃華山延登入黃華谷上有

三峯皆建精奇屋宇與登對坐仙人樓談道般問曰老子有云道生一其理何也登曰妙一宅於太虛之內玄牝資於至道之用故其所由謂之曰生般拍掌曰子悟之矣遂設飲於王女臺盡歡酬酢飲畢送出巧師門而別一歲大旱羣農聞登有道咸至山呼拜為真人敦請結壇祈雨登禱於一龍之洞俄頃得雨三寸登曰此病龍所行之雨安能蘇稼乎嗅之果腥穢農復慼然登曰試俟之時洞中神龍脊背生疽變老翁求治拜曰痊當有報登出藥敷之愈深處立見平起翁謝去降大雨尺餘甘香特異槁禾復活登寓處無泉后忽裂如井其水湛冽龍蓋穿以報之阮籍

慕訪籍性倡狂能為青白眼善嘯往蘇門見登意以問難
與之商畧古今及棲神導氣之術登皆不應籍因長嘯而
退至嶺半聞巔有若鸞鳳聲響傳巖谷仰視之乃登發嘯
也嵇康有邁世之志聞登名往見登不與語康叩難之而
登彈琴自若康從遊三年見其澄默自守告辭曰先生竟（即道）
無言乎登始曰子識火乎火生而有光而不用其光以全
其光人生而有才而不用其才以全其才故用光在於得
薪可以保其耀用才在乎識眞可以全其年康因請學琴
登不教之曰子才多識寡劣於保身康素善琴曾作山水
操固求一曲異音以震聾俗登不忍再拒於是撫一絃以

王烈

成音曲康傾耳靜聽歎息絕思臨行登送之曰君性烈而才雋恐終不免不得意時念我當會於市也康意未然退著高士傳養生論太學生王烈字長休邯鄲人五經百家無不該博康敬愛之數數就烈共入山遊戲採藥後烈獨至太行山東北殷如雷聲視之石裂數丈兩畔皆青石石間一穴潤徑尺許中流青泥如飴試摶之如熱蠟隨手堅凝實之氣味如香粳飯取為數丸如桃大即自服半餘半攜歸與康曰吾得異物未識何名出視皆凝青石擊之琿琿如銅聲與烈尋之山石已復合烈細言其故康曰按神仙經云神山五百年輒開其中石髓流出得而服之壽與天相畢

子所得者必是也烈又入河東抱犢山見石室中石架上有素書兩卷讀之莫辨其文字不敢取出仍置架上默記數十字形體歸以示康康盡識其字烈喜遽呼康共往至則道徑了了比近失石室所在竊歎曰叔夜未應得仙道故也烈後常服黄精及鉛年至三百三十八歲猶有少容壓臉如飛康與向秀俱善鍛秀字子期懷邑人清悟有遠識曾註莊子大暢玄風初康居貧鍛以自給冬夜䏢煆竈取煖於背秀每佐之夏月共鍛於大柳下潁川鍾會繇子方有寵於司馬昭聞康名造訪康箕踞而鍛不交一言揚椎不輟會久將去康曰何所聞而來何所見而去會曰聞所聞而來見所見而去康嘗夜讀燈下一

王伯通

①八樂官大聖人爲有聽讒枉殺

鬼披髮熟視康乃滅燭曰恥與魑魅爭光逕酣卧不顧
州王伯通造一館但有宿者天明必死伯通常聞之聞康
膳大遨至家留宿館中一更後乃取琴而彈彈未竟見八
鬼從燈後出康問曰宿此者輙斃無乃汝輩殺之耶鬼曰
舜時掌樂官八人舜受佞臣之言枉殺我兄弟埋骨於此
伯通向冢上築墻因苦其壓凡過人宿擬出告之彼則自
懼而死殊非吾等殺之也願先生廷言之遷葬他處期半年
伯通當牧本郡今授先生以廣陵散一曲三十六股使相酬耳
康大悅遂以琴授鬼鬼乃轉軫調絃彈一遍康即能彈夜
深伯通心疑聞琴聲殊佳秉燭入問康具言其事明日使

呂安

嵇紹

袁孝尼

人掘地果見八骸別就高處葬之後但通畀爲龍興太守

康雅與呂安善每一相思則千里命駕時號信義交鍾會

深銜爲康所慢因言於昭曰嵇康臥龍也公無憂天下但

當以康爲慮耳復譖康與呂安初欲助毋丘儉因忌昭遂

收安康在獄康自知不免憶孫登之語爲詩自責有昔慚

柳下今愧孫登之句及臨刑東市太學生三千人請以爲

師昭不許康問次子紹（字延祖年十歲）曰將琴來否紹曰將來康

取撫之曰袁孝尼（一作孝已）嘗從學廣陵散吾每靳惜之於今

絕矣因彈一曲聽者莫不淚下頃之竹林諸友攜酒訣別

紹牽衣而泣康見山濤曰巨源在汝不孤矣乃與諸友從

城北巫

樊建

蜀

炎興

容詰舊司刑者驅衆下手康銜鬚受戮人叢走出孫登至
烈登以短柱插地烈挈康走回顧司刑逕揮刀斷柱提上
小截奔去衆若不見者康問烈何爲曰此代麗法隱身符
也康始悟隨入山修道司馬昭畏姜維數犯太舉代蜀命
鍾會鄧艾約期進兵維累申告急皆被黃皓裁匿帝聞之
懼皓曰城北有師巫敬奉一神能知吉凶帝於後殿陳設
享儀載巫入宮盡遣左右拜祝國祚如何巫曰火運重興
陰陽平安陰平、陽安、皆蜀地也。尚書令樊建曰臣昔執事軍前武侯
有云癸未之歲炎運當興一至甲申民歸安世巫言畧與
此合司馬炎字安世帝改元炎興譙周出曰蜀以白帝乘金而王

緩邵
衛瓘
鄧忠

炎興非佳兆也是秋鄧艾在隴西受詔夢登高山望蜀脚下忽迸一泉驚覺知護衛緩邵素明易理召言之邵答曰山上有水曰蹇孔子云蹇利西南往有功也不利東北其道窮也將軍此行克成大功但蹇滯不能還艾憮然司馬昭始稱晉公命衛瓘爲監軍鍾會取陽安關至定軍山見殺氣突起愁雲冷霧脩太牢拜祭武侯墓夜見孔明曰天命如是入境當嚴禁治會即傳令如安殺償命漢中民迎降姜維退守劍關鄧艾與子忠自陰平至摩天嶺將士緣崖魚貫道傍有石碣上刻諸葛丞相題

二火初興有人越此二士爭衡不久自死

鄧字士載
鍾字士季

諸葛尚　北地王諶　崔夫人　表媼　洮陽王恂　龐會

艾驚拜曰武侯真神人不能以師事之痛哉惜哉前攻由降艾進涪陵見猿抱子在樹喂食艾引弩中猿股其子爲老猿拔箭捲葉塞創艾歎曰吾違物性其將死矣涪城降報入成都諸葛瞻與子尚督軍拒艾艾許表爲瑯琊王尚斬使決戰父子死於陣帝欲奔南中譙周曰不若降魏北地王諶（帝第五子）請戰不聽諶妻崔夫人觸柱先死諶拔劍殺三子乳母表媼抱幼子奔匿洮陽王恂宮中（帝第六子）諶入昭烈廟痛哭自刎死帝率衆出降（蜀漢二主共四十六年漢前後共二十六君合四百六十九年）維詣會請降因譖會去艾據蜀自王會與衛瓘白艾有反狀甲申春昭令會收艾龐會（德子）請滅關氏維曰忠

霍戈　諸葛質　孟虬　魏　咸熙　譙守　譙秀　陳壽

良國之望、不可會欲討昭、維教盡殺北將事泄、維自刎、衆爭殺會、襲斬艾父子、遷帝赴洛、洮陽佪不忍北去、與關索定策南奔、擢發鐵騎追、至得霍戈、呂凱合攻、方退、諸葛質爲使（子瞻）入蠻邦結好、時孟虬爲王、祝融夫人曰、都之不仁、虬從母命、回報洮陽、駐札永昌（爲古哀牢國）號金齒蠻、是年魏（改元咸熙）封懷帝爲安樂公、黃皓斬於市、譙周辭歸宕渠、家中守秀二子歡迎、召親朋會飲、醉曰、少事綏山葛仙、畧知天文術、不意時移勢變、然魏不久亦滅、復自歎曰、孔子七十三亡、劉向、楊雄七十一殁、我年過七十、庶慕遺躅、恐不出後年矣、明年果卒、葬南充西山（名果山）、黃柑因其徒陳壽若廬墓

九

然魏臣請進昭爵爲王昭立炎爲世子老髮（垂地）不掩厥德長
發其祥
仙翁爲伍相招飲與前集赤松子醉浮水面及安期履
海遊相照應若琴高跨鯉馮鳴騎龍趙炳呼風佈席終
爲有憑藉者
叔夜處身於不隱不現之間而傲物氣高招人銜恨東
市幾於不免若非孫王援手豈不深惜故不能避世者
則和光同塵老君之教當深佩也
譙周實是寫降表世家天官何足重

神覡

濮陽興
孫布
太子霮
吳主皓
興元
甘露

○○嚴正東法囙都廵　⌒⌒吳主皓火燒仙容

時吳永安七年吳主休有疾有神覡能見鬼知禍福休乃殺鵝埋菀中架小屋施牀几以婦人衣履著其上試使覡視之曰若能說此冢中婦人狀當加賞竟夕無言惟問之急乃曰實不見鬼但一頭白鵝立墓上耳休始問巳疾覡曰先大帝相請久矣休重賞其覡命出召濮陽興孫布命輔幼子霮遂殂興布乃立爲程侯皓大帝孫和之子改元興元乙酉改元甘露建寺固山即名甘露日以佞佛皓賦性兇暴興布諫皓怒遷命之都斬之是歲爲魏咸熈二年襄武縣申奏曰當卓午天降一人長二丈餘蒼髯單衣褎黃巾拄藜杖自稱民王來告汝

賈充
晉武帝司馬炎
鄧艾伐蜀
泰始
楊后
太子衷
王祥
繼母朱
呂虔
母病思黃雀
炙思有雀數十飛入祥幕內獲以供母
即愈
吳
寶鼎

等天下換主遊行三日忽不見皆言此應晉王昭忽中風不語而薨炎嗣爲王賈充諷魏主禪位築受禪臺請晉王炎授與奐爲陳留王魏五主共四十六年改元泰始立楊氏爲后子衷爲太子弟攸爲齊王同母王氏所生王祥爲太保字休徵沂州人事繼母朱極孝母欲食生魚祥臥冰上忽泮雙鯉躍出母命守柰實每風雨輒抱樹而泣柰得不脫先是呂虔字子恪刺史徐州有佩刀術者相之曰佩之必登三公祥爲別駕虔以贈曰苟非其人刀或爲害卿有公輔之量故以相與是冬吳主徙都武昌丙戌改元寶鼎遂都建康河內劉惇言甘寧墓側有王氣皓令鑿之晝穿夜復塞經數月不就有役夫臥

其側見鬼物來塡且曰以布囊盛土棄之江中則吾輩免勞役夫曉白有司如其言遂成直瀆時會稽嚴青字正東子陵後家貧於桐廬山中作炭爲人仁慈廉直每逢隆冬氷雪卽以炭賙人不索其值於此人多感之一日作炭山中遇一神人星冠羽服道貌軒昂後有童捧書相隨招青曰陰功無論巨細能積久不怠卽是子累功已久今授道書一卷△使予有術衛身能知已往未來觀汝骨相可得長生并教服石髓之法授畢青拜謝起神童俱不見視身左右卽有數十人隨侍鄉里知其有道咸敬奉之青嘗飲歸夜行城市被都巡呵問何人青亦大聲呵問都巡怒叱從兵收之

青亦叱從神錄之青徑去而都巡等人馬之足牢釘不能移動明旦僵立於市鄉人詢其故皆曰此必干忤嚴君也忙報都巡等家令其家人往青處謝過青猶未醒日高卧起衆請罪方省急喝放人馬使能行動青深悔自此永不醉酒行法常靜居研究此書義理即能遙知人世休咎有好道術者從而學青即因人而教聞丹陽有同姓道士名寄之字靜處入句容石諸觀出家爲母老不敢遠離觀邊立小屋迎母以居曲盡溫凊及母壽終毀瘠過禮識者咸嘉之青謂是吾宗孝子當傳以大道使人招至教其斷穀二年同遊深山採石髓鍊服不復入俗吳主慕青仙去召

庚 華覈 建衡 羊祜 李隣

其徒尚廣至今其筮蓍當殿問并天下事尚曰庚子歲陛下青蓋當入洛陽皓喜中書丞華覈曰天道杳冥術士豈能窺測皓怒覈退隱不出乙丑春改元建衡晉主以羊祜都督荊州鎮守襄陽字叔子蔡邕外甥齊州人五歲時令乳母往取所弄金環來乳母無以爲應祜自詣隣家李氏東垣桑樹下探得盞李隣有子甚聰俊死而父母哀慟并埋素弄之物祈其再來今探取之時知祜是李子後身李隣撫愛如昔少遊汶水濱有父老謂曰孺子友如祜年六十當建大功有術者相其祖塋曰當出王者祜令人鑿斷其脉術者復往見之曰猶出折臂三公後祜醉遊峴山墜馬果折其臂丙寅春

姚光

吳主聞紆嶼山有異人官嵩童顏不老能知古今之事召問之嵩曰野人元坐窮山不知歲月焉識宇宙間事有師兄姚光彼奉師命從江北來召我回瑯琊宮其得葛玄神丹能分形散影坐在立亡火不焦水不傷能諳其寓叩問必有所示皓問汝師何人嵩曰于神仙皓曰非長沙桓王所斬者乎曰然皓曰恠有如此之術然朕天子也豈可就問嵩曰軒轅問道空同漢帝屈禮河上古聖賢王皆然陛下未可以國驕人時皓欲問大事起駕至寓以客禮待光問其吳晉氣運孰勝光曰南不勝北皓愠曰晉終并有天下耶光又曰北必勝南皓勃然曰朕不伐北姑容之耳光

言俱徵妙

曰晉必滅吳吳必滅晉也也吳胡皓喝曰野奴敢以亂言惑
我欲蹈汝師前輙聞汝不畏火及朕當試之命積荻千束
令光坐荻上外累十餘重舉焚之烟熖蔽日觀者盈都市
咸謂灰燼矣火熄見光從灰中振衣而出神色自若徐徐
曰我得葛仙公煉法已爲火仙凡火那能鎔爍也手持素
書一卷擲皓前皓讀不能解光招官嵩搭肩聳上顱衆人
羅拜空中大笑指罵孫皓無道皓喝武士齊射二人望北
飛去皓回宮忽染頻蹲不自禁勅百官遍禮靈祠月應忽
一日夜色將闌晨光欲爍有神附小黃門云帝病即愈司
巫者問何神執可事而來報神曰漢霍光也金山鹹海風

金山大王

△刁玄

㊀王覽

諸葛懷

潮爲害方統部屬鎮之來爲陛下告吉冀日悟疾果愈遂
爲立廟於嘉興之海鹽孫治賜額顯忠俗呼金山大王吳
人刁玄詐增讖文云黃之紫蓋見於東南終有天下者荊
揚之君皓信之親舉兵出華里大雪引還戊子晉王祥卒
友愛後母弟覽病篤以佩刀付曰吾弟大德足稱其刀泰
始五年己丑覽爲太傅詔錄故漢名臣子孫蕭曹鄧吳等
後皆赴闕受秩孔明之後獨無至訪知其第三子懷公車
促至欲爵之懷辭曰臣家成都有桑八百株薄田十五頃
衣食自有餘饒材同樗櫟無補於國請得歸老牖下實隆
賜也晉主悅而從之庚寅衛瓘揚言將大舉征蠻南中震

十劉曜

口劉文

劉豹

恐霄戈進曰、臣一人納降、許以歲貢、時北地王幼子年七歲生而眉白、目有赤光、取名曜、字永明、洮陽王奔永昌時生子名文、字永副、曜聞有使命往洛、請省公祖觀中國氣象、恂壯而許之、諸將與之偕行、是夏曜至故都、不勝感慨、至惠陵拜謁、辛卯春至洛、晉主謂戈歸降、仍守建寧、曜入安樂府涖拜、帝嗚咽、至冬而殂、葬北邙之陰、贈謚思、曜即約衆出遊、切齒曰、晉以我祖幽死、必生致以報之、知胡世爲中國禍患、結隊北行、壬辰春天將大雨、入林暫避、先有千餘人、歇馬、是匈奴劉豹之子淵、字元海、昔豹家於汾晉、妻呼延氏無嗣、脩牲酒至龍門祈子、一大魚頂生二角、軒鬐朱鬚、躍浮至祭呼延氏所巫覡異之及回夢一人左手持物如雞子授曰日精服生貴子呼延接吞之孕十三月而生左掌有文曰淵時獵西山避雨林下俄而迅雷大震莫不顛仆獨一小子挺立淵異問之是蜀帝嫡孫喜領見父豹令淵養之爲子淵收與子聰延師學藝壬辰年祜表王濬爲益州刺史使治水軍濬字士治初爲祜參軍夢懸三刀於梁復益一刀李毅曰三刀爲州字又益者明府其臨益州乎未部山濤表稱營陵處士王裒賢孝三徵七辟不就裒字偉元其父儀爲昭所殺裒終身不西向坐廬墓攀栢號泣樹爲之枯母性怕雷既卒葬每遇雷雨即奔至泣拜曰裒在此毋勿懼讀詩至蓼莪

劉聰 王濬 李毅 王裒 王儀

吳　大璽　天紀　孫寒　孫寒華　晉　杜預　張昱

三復流涕。門人爲襃是篇。年九十一而終。生七子皆通儒遺命不許仕晉。陸抗生五子。皆文學嘗誡其勿與武事。及抗卒使分將其兵。皆固辭不聽。壬辰改元鳳凰。丙申改大璽。一作天皇。明年又改天紀。初大帝第四子孫寒有女名寒華。少拜杜契爲師。受玄白之要。入茅山修道。周旋吳越諸山二十餘年。顏容日少常歸寧父母。自稱吾道已成。親殁不復歸。至是見皓無道知時勢已去。乃於茅山之前山白日冲虛。因號華姥山。在崇禧觀前。　晉咸寧二年冬祜表請伐吳。戊戌辭歸病篤。薦杜預以自代。孫皓初時欲廢諸寺。羣臣皆諫。皓遣張昱詣建初寺問康僧會。昱雅有才辯。難問縱橫。會應機騁辭。文理鋒出、自旦之夕、豈不能屈、還見晧曰、會之材明、非臣所測、晧大集朝賢、以車馬迎會、至命坐、晧問佛教報應、會對曰、夫明主以孝慈訓世、則赤烏翔而老人現、仁德育物、則醴泉湧而嘉苗出、善既有瑞、惡亦如之、故爲惡於隱、鬼得而誅之、爲惡於顯、人得而誅之、易稱餘慶、詩詠求福、此儒典之格言、即佛教之明訓、晧曰、若然則周孔已明、何用佛教、會曰、周孔所言、畧示近跡、至於釋教、則備極幽微、故行惡則有地獄長苦、修善則有天宮永樂、舉茲以明勸沮、不亦大哉、晧無以折其言、而昏暴不悛、使宿衛入後宮治地、得一金像高數尺、使置不淨處、以穢汁灌之、共羣臣笑以爲樂、

晉

太康

⑩張悌

俄爾舉身大腫陰處尤痛呼叫徹天太史占言犯大神所
爲即命綵女迎像供養上香湯洗滌數十遍燒香懺悔皓
叩首陳罪痛少間遣使至寺請會設法會數析罪福之由
詞甚精要皓並增善意即就會受五戒旬日疾瘳會所住
更加修飾會譯出衆經並妙得經體文義允正又傳泥洹
唄聲徹摩哀亮註安般守意法竟道樹等三經并製經序
行於世知吳將亡於天紀四年九月遘疾而終已亥冬杜
預爲大都督伐吳賈充節制諸路庚子春改元太康預所
向皆克授羣帥方畧吳丞相張悌同沈瑩諸葛靚屯牛渚
胡奮先至覘欲報殺孜瑩渡江截戰射中奮脇悌與瑩迎

沈瑩
胡奮
晉一統
爲氏異何多
訶羅竭
王渾
成公綏

戰被殺。王濬直趨建業，皓降，乘青蓋輿入洛陽，歎曰：尚廣之言，却應於此。吳四主合五十九年。靚逃竄不出，晉帝與之有舊，詔爲侍中，固辭，歸鄉里，終身不向朝廷坐。是秋，曹奐殂。時洛中疾疫大行，帝聞天竺頭陀訶羅竭誦經二百萬言，有道行，常宿山野，遣使招至。竭爲咒治，什瘥八九，帝甚敬之。尋歸止婁至山石室，去水甚遠，竭以左足蹋石壁，陷水出，清香甘美，飲之者止飢除疾，遠近事之甚衆。及卒，荼毘之，焚鑠累日，屍不焦灼，乃携歸石室，一旦失去。王渾以平吳功進爵上公，朝紳敬奉，每有薦舉，帝俱允從。蜀人成公綏少事李八百，授頤養之道，六旬餘，形貌不少衰，向慕東南

謝端

之勝往謁渾欲求舉倸臨海回浦處作一縣令得窮遊天台諸名山渾念有世誼即表爲章安令綏至縣遂登赤欄橋望江作雪賦常邀賓客終日登臨遊覽有客言晉安侯官謝端少喪父母無有親屬爲隣人所養年十七八恭謹自守不履非法讀書不假人教雖在工作時腰繫卷籍鄉人共憫羡之規爲之娶婦一時未得端躬耕力作不捨晝夜偶於溪邊見一大螺如三升壺意爲異物取歸貯甕中汲水菁之端每早至野還見廚下有飯飲湯水如有人爲者端謂是鄉人之惠徙謝之隣人不喻其意後更實問隣人笑曰卿自取婦密置室中炊爨反來問耶端心疑乃雖

初鳴出平旦潛歸籬下窺家中見一少女從甕中出至竈
下燃火端便突入造甕所視螺其殼仍在見女立竈邊因
問曰新婦從何來而相爲炊女惶恐欲還甕不得答曰我
大漢中白衣素女也天帝哀卿少孤好學知法故使我權
相守舍炊烹十年中使卿居富得美妻仕至令長始當還
去而卿乃竊伺掩我吾形已現不宜復留但以此殼留此
以貯米穀常可不乏端請留終不肯忽風雨驟至遂相委
去自後端居常饒足僅不致大富里中巨室有女色甚美
願厚貲妻之由是竟成富翁得以安心勤讀爲閩中大儒
成公綏遣人迎至與語相洽即告老乞歸作書致渾專薦

謝端賢良求以代已渾允其請端既受職爲素女立神座節祀留綏奉養一日見八百來招逐卒葬之始豐赤城山

匈奴遣子淵入侍齊王攸入請帝曰淵人傑也後必倡亂當除之渾曰奈何無形殺人侍子咸寧末年豹卒淵奔喪歸立爲左賢王以子聰入晉聰母張初夢日入懷孕十五

張氏

月而生聰明字玄明雅與劉曜情篤曜衆號神射夜讀管涔山

管涔王

有二童入跪曰管涔王使小人奉謁趙皇帝獻寶劍二口曜問王誰何童曰襄子無恤也以帝當有趙地故來獻耳三晉授簡百神效靈

嚴青雪中送獄患人多矣久而不忘陰德格天得傳仙

道近代何無斯人耶雖以法囲都巡人馬亦欲其悔省
也
姚光爲于吉弟子孫皓亦復燒之却從容笑罵而去可
知其不犯殺戒
禪爲安樂公其應哀牢之讖諶爲北地王伏曜王於北
地之北實有定數
釋氏神通豈亞於仙道如竺法蘭康僧會訶羅竭等更
有補於孔孟也
匈奴多生異人淵也聰也而益之以曜中國能久安哉
管涔雙劍是曜一生事業所係